中国社会科学院创新工程学术出版资助项目

理解中国丛书
Understanding China Series

中国战略新布局

China's New
Strategic Layout

By Xin Ming

辛鸣 著

中国社会科学出版社
CHINA SOCIAL SCIENCES PRESS

图书在版编目（CIP）数据

中国战略新布局/辛鸣著. —北京：中国社会科学出版社，2016.3
（理解中国丛书）
ISBN 978-7-5161-7021-2

Ⅰ.①中… Ⅱ.①辛… Ⅲ.①国家战略—研究—中国 Ⅳ.①D60

中国版本图书馆 CIP 数据核字（2016）第 033340 号

出 版 人	赵剑英
责任编辑	王　茵
特约编辑	孙　萍
责任校对	王佳玉
责任印制	王　超
出　　版	中国社会科学出版社
社　　址	北京鼓楼西大街甲 158 号
邮　　编	100720
网　　址	http://www.csspw.cn
发 行 部	010-84083685
门 市 部	010-84029450
经　　销	新华书店及其他书店
印刷装订	北京君升印刷有限公司
版　　次	2016 年 3 月第 1 版
印　　次	2016 年 3 月第 1 次印刷
开　　本	710×1000　1/16
印　　张	14
插　　页	2
字　　数	196 千字
定　　价	55.00 元

凡购买中国社会科学出版社图书，如有质量问题请与本社营销中心联系调换
电话：010-84083683
版权所有　侵权必究

《理解中国》丛书编委会

编 委 会 主 任：王伟光

编委会副主任：李　捷　李　扬　李培林　蔡　昉

编委会成员（以拼音字母为序）：

卜宪群　蔡　昉　高培勇　郝时远　黄　平
金　碚　李　捷　李　林　李培林　李　扬
马　援　王伟光　王　巍　王　镭　杨　义
周　弘　赵剑英　卓新平

项目联络：王　茵　朱华彬

出版前言

自鸦片战争之始的近代中国，遭受落后挨打欺凌的命运使大多数中国人形成了这样一种文化心理：技不如人，制度不如人，文化不如人。改变"西强我弱"和重振中华雄风需要从文化批判和文化革新开始。于是，中国人"睁眼看世界"，学习日本、学习欧美以至学习苏俄。我们一直处于迫切改变落后挨打、积贫积弱、急于赶超这些西方列强的紧张与焦虑之中。可以说，在一百多年来强国梦、复兴梦的追寻中，我们注重的是了解他人、学习他人，而很少甚至没有去让人家了解自身，理解自身。这种情形事实上到了1978年中国改革开放后的现代化历史进程中亦无明显变化。20世纪80、90年代大量西方著作的译介就是很好的例证。这就是近代以来中国人对"中国与世界"关系的认识历史。

但与此并行的一面，就是近代以来中国人在强国梦、中华复兴梦的追求中，通过"物质（技术）批判""制度批判""文化批判"一直苦苦寻求着挽救亡国灭种、实现富国强民之"道"，这个"道"当然首先是一种思想，是旗帜，是灵魂。关键是什么样的思想、什么样的旗帜、什么样的灵魂可以救国、富国、强民。一百多年来，中国人民在屈辱、失败、焦虑中不断探索、反复尝试，历经"中学为体，西学为用"、君主立宪实践的失败，西方资本主义政治道路的破产，以及20世纪90年代初世界社会主义的重大挫折，终于走出了中国革命胜利、民族独立解放之路，特别是将科学社会主义理论逻辑与中国社会发展历史逻辑结合在一起，走出了一条中国社会主义现代化之路——中国特色社会主义道路。经过最近三十多年的改革开放，我国社会主义市场经济快速发展，经济、政治、文化和社会建设取得伟大成就，综合国力、文化软实力和国际影响力大幅提升，中国特色社会主义取得了巨大成功，虽然还不完善，但可以说其体制制度基本成型。百年追梦的中国，正以更加坚定的道路自信、理论自信和制度自信的姿态，崛起于世界民族之林。

与此同时，我们应当看到，长期以来形成的认知、学习西方的文化心理习惯使我们在中国已然崛起、成为当今世界大国的现实状况下，还很少积极主动地向世界各国人民展示自己——"历史的中国"和"当今现实的中国"。而西方人士和民族也深受中西文化交往中"西强中弱"的习惯性历史模式的影响，很少具备关于中国历史与当今发展的一般性认识，更谈不上对中国发展道路的了解，以及"中国理论""中国制度"对于中国的科学性、有效性以及对于人类文明的独特价值与贡献这样深层次问题的认知与理解。"自我认识展示"的缺位，也就使一些别有用心的不同政见人士抛出的"中国崩溃论""中国威胁论""中国国家资本主义"等甚嚣尘上。

可以说，在"摸着石头过河"的发展过程中，我们把更多的精力花在学习西方和认识世界上，并习惯用西方的经验和话语认识自己，而忽略了"自我认知"和"让别人认识自己"。我们以更加宽容、友好的心态融入世界时，自己却没有被客观真实地理解。因此，将中国特色社会主义的成功之"道"总结出来，讲好中国故事，讲述中国经验，用好国际表达，告诉世界一个真实的中国，让世界民众认识到，西方现代化模式并非人类历史进化的终点，中国特色社会主义亦是人类思想的宝贵财富，无疑是有正义感和责任心的学术文化研究者的一个十分重要的担当。

为此，中国社会科学院组织本院一流专家学者和部分院外专家编撰了《理解中国》丛书。这套丛书既有对中国道路、中国理论和中国制度总的梳理和介绍，又有从政治制度、人权、法治，经济体制、财经、金融，社会治理、社会保障、人口政策，价值观、宗教信仰、民族政策，农村问题、城镇化、工业化、生态，以及古代文明、文学、艺术等方面对当今中国发展的客观描述与阐释，使中国具象呈现。

期待这套丛书的出版，不仅可以使国内读者更加正确地理解一百多年来中国现代化的发展历程，更加理性地看待当前面临的难题，增强全面深化改革的紧迫性和民族自信，凝聚改革发展的共识与力量，也可以增进国外读者对中国的了解与理解，为中国发展营造更好的国际环境。

2014 年 1 月 9 日

目 录

导语 "四个全面"的战略新布局 …………………………………（1）

第一章 战略愿景:中国梦 …………………………………………（4）
  一 中国梦的丰富内涵 ……………………………………（4）
  二 中国梦的基本道理 ……………………………………（8）
  三 中国梦的世界意义 ……………………………………（12）
  四 中国梦的实现路径 ……………………………………（20）
  五 中国梦的实践要求 ……………………………………（23）

第二章 战略目标:全面建成小康社会 ……………………………（26）
  一 小康社会的理论源流 …………………………………（26）
  二 小康社会的内涵演变 …………………………………（30）
  三 "总体"不等于"全面" …………………………………（34）
  四 全面小康的障碍与挑战 ………………………………（37）
  五 全面小康的文化发展 …………………………………（39）
  六 小康社会的政治优势 …………………………………（46）

第三章　战略举措：全面深化改革 (53)
 一　改革达成什么样的新共识 (53)
 二　实现改革的转型 (59)
 三　确立科学改革观 (65)
 四　聚合改革正能量 (71)
 五　政治体制改革的中国道路 (76)

第四章　战略保障：全面依法治国 (100)
 一　国家治理的理论自觉 (100)
 二　法治背后耸立着制度 (107)
 三　法治中国的实践逻辑 (111)
 四　核心要义背后的法治逻辑 (125)

第五章　战略支撑：全面从严治党 (132)
 一　守住政党的生命线 (132)
 二　坚持中国特色反腐倡廉道路 (142)
 三　提高党的建设科学化水平 (148)
 四　用信仰固本培元 (157)

第六章　战略自信：中国特色社会主义是一篇大文章 (165)
 一　道路自信 (165)
 二　理论自信 (176)
 三　制度自信 (181)
 四　文化自信 (189)

结语 (199)

参考文献 ……………………………………………………（204）

索引 …………………………………………………………（207）

导 语

"四个全面"的战略新布局

大国复兴靠战略,大国竞争拼的也是战略。战略好则事成,战略优则胜出。"四个全面"就是当代中国在迈向中华民族伟大复兴历史进程中的战略构建。

从中国共产党的十八大提出"全面建成小康社会",到十八届三中全会提出"全面深化改革",再到十八届四中全会提出"全面依法治国",以及紧随其后习近平在江苏考察时提出"全面从严治党",不到三年时间"四个全面"的战略新布局一气呵成。

"四个全面"的战略新布局绝非话语的简单并列与排比,贯穿其中的是中国共产党人清醒的忧患意识与自觉的责任担当。

理解"四个全面"要与理解以习近平为代表的新一代中国共产党人治国理政的战略思想结合起来,要与当代中国最伟大的梦想联系起来,要与当代中国发展呈现出来的"新常态"联系起来。

一个目标、三大举措是战略布局的基本内涵,中国梦是引领战略布局的战略愿景,发展新常态所呈现出来的精神状态、意志决心则是战略布局得以形成的战略自信。

具体而言,实现中华民族伟大复兴的中国梦,"全面"是必须,非"全面"不足以成事,非"全面"也不可能成事。

——小康社会如果不"全面",就会出现用平均数掩盖大多数的问题,就会出现"一俊遮百丑"的现象。而"全面小康"必须是一个都不能少,一项都不能缺。如果中国社会还有哪一个民族没有小康，还有哪一个群体没有小康，甚至在一定意义上还有哪一个人没有小康，都不能算是全面小康；如果只有经济数据的亮丽达标，政治发展、社会和谐、生态良好、人民富裕等方面还存在短板，也不能算是货真价实的全面小康。

——深化改革如果不"全面"，某些领域一马当先走出很远，其他领域坐而论道没有动静，不仅会让改革失衡、跛脚、事倍功半，甚至会使得改革发生变异，走向反面，成为一些人、一些群体攫取社会财富、中饱私囊的"护身符"，导致公平正义缺失、社会隔阂与对立加剧。

——依法治国成为治国方略已经17年多了，为什么尚与人民群众的期待有不小差距，也在于"全面"的功夫下得不够。再完备的法律体系也不会自我施行，没有高效的法治实施体系、严密的法治监督体系、有力的法治保障体系以及完善的党内法规体系协同，法律沦为"橡皮泥""稻草人"的现象就不可能得到根除，法治中国也难成现实。

——从严治党没有踏石留印转作风、雷霆万钧反腐败，就会"一粒老鼠屎坏了一锅汤"；没有严纪律、讲规矩、扎紧制度的篱笆，就走不出"一阵风"的怪圈；没有崇理想、重信念、永远不动摇信仰，就会得"软骨病"，会"失魂落魄"。吐故纳新、制度治党、固本培元，所有这些都是"全面"的题中应有之义。

不过，真正做到"全面"并不易，没有战略定力，不敢攻坚克难，不能自我革命，"全面"不会自己从天上掉下来。

兼顾方方面面，统筹各种关系，平衡不同利益，势必意味着不能抓住一点不及其余，不能只看"显绩"不要"隐绩"，不能"任内风光无限，哪管离任洪水滔天"。曾经引以为傲的高速度、好看的数字、漂亮的报表将不复存在。在这样一种发展新常态下咬定青山不放松，没有足够的战略定力是不可能挺得住的。

全面深化改革一定要突破利益固化的藩篱、克服部门利益掣肘，全面推进依法治国一定要改变已经习惯了的"人治"思维与行为模式，全面从严治党一定要刮骨疗毒、烈火焚金、浴火重生，但其中的雷区之险、骨头之硬远远超出我们的想象，没有攻坚克难的坚强意志很可能半途而废。

更重要的是，这些"坚"和"难"又往往与中国共产党的党员干部有关联，甚至某些党员干部就是这些"坚"和"难"自觉不自觉的后台。在人民群众还没有整体富裕的时候，他们中的一些人已经成了先富起来的人；在群众还为看病、上学、住房甚至柴米油盐犯难的时候，一些人已经"高大上"享乐奢靡成风；在群众已经越来越遵纪守法的时候，一些人却依然以言代法、以权压法、徇私枉法等。习近平总书记讲，我们要"准备进行具有许多新的历史特点的伟大斗争"，自我革命就是其中之一。只是这自我革命好说不好做，意味着昔日的改革者要成为今日的改革对象，意味着要壮士断腕乃至洗心革面，意味着要在自己头上动刀子，非有大觉悟、大担当不能如此，也不敢如此。

所以，对开拓中国特色社会主义事业新局面战略要求的清醒认知、对我们面临国际国内风险难题挑战的高度忧患和对实现中华民族伟大复兴战略使命的自觉担当，夯实了"四个全面"的实践基础，也构成了"四个全面"的实践逻辑。

第 一 章

战略愿景:中国梦

现在大家都在谈论"中国梦",这是一个好现象,关注是做好事情的前提。但是对于中国梦的关注不能仅仅停留于话语的翻来覆去,也不能把中国梦当成一个筐,什么都往里面装。把我们正在做的事情与"中国梦"联系起来是很有必要的,也是我们所希望的,但这种联系不能是词语中的简单相加和生搬硬套,而是要在本质、规律和逻辑上做出说明。这就要求我们把一些事关中国梦的基础性问题想清楚、讲清楚、做到位。在迈向中华民族伟大复兴的征程中,不断拓展中国梦的丰富内涵、彰显中国梦的精神实质、探索中国梦的实现路径、发掘中国梦的普适意义,为中国梦注入正能量,是我们每一个中国共产党人的使命和责任。

◇ 一　中国梦的丰富内涵

一个人有自己的梦,一个国家也有自己的梦,实现中华民族的伟大复兴就是中国社会最伟大的梦想。在走过了"雄关漫道真如铁"的昨天,跨越着"人间正道是沧桑"的今天,"中国梦"指引当代中国正向着"长风破浪会有时"的明天迈进。

（一）中国梦的政治意蕴

可能有的朋友会问，一个绵延百年的梦想为什么会在今日中国社会如此"大放异彩"呢？这背后是中国经济社会发展的客观要求和对人民群众期待的顺应。

这些年中国社会发展很快，成就也很大，连一向对中国挑剔的西方社会也不得不承认。但是，与此同时，社会上也滋长出一种不容乐观的情绪，觉得越干越没劲，越干越迷茫。为什么？说白了，物质利益是人奋斗的原动力，但物质利益不是也不能成为人奋斗的目的与归属。如果仅仅把关注点放在利益上，在利益目标实现了之后，不就成了行尸走肉？当今社会，没钱的人想挣钱，挣不到钱很难受，有钱的人虽不再为钱发愁但结果更空虚、更难受、更不知该干什么。在管理学上有一个经典案例，同样是做砌砖的工作，如果只是为砌砖而砌砖就觉得越干越累，如果是为了宏伟大厦添砖加瓦，感觉就不一样了，其精神状态截然不同。"未富先奢""稍富便骄"的背后是理想的缺失与价值的迷茫；反过来，为目标而努力、为理想而奋斗，就算再苦再累也会心甘情愿，也会义无反顾。"中国梦"正是为中国社会和中国人民确立了这样一个目标，给我们的奋斗赋予了意义。

——梦想呈现蓝图。

社会主义初级阶段是一个很难轻言跨越的漫长的历史阶段，发展中国特色社会主义更尚未成功，仍需努力。要在这样一个漫长的历史进程中始终不灰心丧气，不松懈动摇，理想与蓝图尤为可贵。当代中国并非没有理想，中国特色社会主义就是我们的共同理想。但是对于大多数的普通民众来说，中国特色社会主义共同理想的表述略显抽象和意识形态化。现代传播理论与实践都表明，意识形态的内容不一定非要用意识形态的方式表达，非意识形态的话语更能起到潜移默化、润物细无声的效果。"中国梦"在保持中国特色社会主义精神实质与科学价值的同时，从话语体系上对其进行了创造性转换，给当代中国社会和中国人一个既能有憧憬、有超越又能看得见、摸得着的目标，一个既科学崇高又喜闻乐见的理想，让中国特色社会主义更加亲和、更加清晰、更加具体。只是在这里我们必须要强调的是，讲通俗不等于不要准确，讲亲和不等于没有原则。如果我们不去把中国梦的内涵外延、本质要求、立场价值讲清楚，讲明白，就会有一些人、一些群体有意无意地去曲解中国梦，往中国梦里塞自己的私货，这样不仅会模糊中国梦的面目，还会扰乱中国梦的共识，消解中国梦的合力。

——梦想凝聚共识。

开放变革的中国也是社会转型分化的中国，在社会转型分化的背景下，每个人都有自己的梦想，每个阶层群体也都有自己的梦想，这些梦想往往各有诉求甚至大相径庭。固然历史进步的合力迟早会把这些追求与梦想汇集成平行四边形，但这样的四边形将会呈现出什么样的轮廓，其中的社会成本与代价将会有多大是十分不确定的。通过"中国梦"把不同阶层、不同群体、诸色人等大大小小、五彩缤纷的梦想汇聚为一个共同的追求，共同的愿景，在不同中寻找和呵护共同，在共同中尊重和保护差异，这样就可以把13亿人的力量汇集于一处。"兄弟同心，其利断金。"有了共识，还有什么样的困难不能战胜？还有什么样的理想不会实现？

——梦想激发勇气。

追梦是因为现实不尽如人意，圆梦就要去直面现实、改造现实。很多时候，我们面对心有不甘的一些现实状态之所以有无奈的感觉，不是因为没有改变的办法而是因为没有改变的勇气，以至于把一些本不应该成为梦想的状态当作了梦想，比如把成为"房叔房姐"当作走向富裕的捷径；把一些偶然侥幸纯属运气的东西当作了追求的目标，比如把一唱成名的"大衣哥"当作草根的样板。其实，"房叔房姐"不正义不应该是"中国梦"，"大衣哥"不靠谱也不应该是"中国梦"。但这也从反面说明现实的一些

"潜规则"还是很强大的，一些乡愿的做法还是很有市场的。但是，当确立起了真正的"中国梦"，其道义的正当和路径的科学会让我们勇于向不公平不正义说不，让我们勇于指出期待天上掉馅饼的虚幻与可怜。

（二）中国梦的丰富内涵

倡导中国梦、编织中国梦先要讲清楚中国梦的来龙去脉、前世今生及其所承载的希冀与愿景。有所思即有所梦，梦的内容反映的是追求，体现的是抱负。在中华民族伟大复兴的背后，是千年的回响，是百年的期盼。

中华民族不仅有着悠久灿烂的文明，也有过大汉与盛唐这样的辉煌与强盛。据有关学者测算，直到18世纪末期，中国的经济规模仍然是世界上最大的，相当于刚刚过去的20世纪末期美国经济总量在世界经济总量中所占的比重。但近代以来，在西方坚船利炮的侵略下，中华民族遭受了深重苦难、付出了重大牺牲、辉煌不再、尊严难立，也从此开始了中华儿女百年中国梦的辛苦求索、艰难追寻。

因此，对当代中国来说，实现中华民族伟大复兴绝不仅仅是一句豪言壮语，而是有着十分确定的内容，这就是让国家更强盛，人民更幸福，中华民族对世界做出更大贡献。

——国家不富强，就会被人欺侮轻慢；民族不复兴，无颜担当龙的传人。我们谈复兴，不是简单地重新寻回昔日的荣光，而是要让一个曾经饱受异族列强欺侮、目前尚是发展中国家的中国，经济发展、政治昌明、文化繁荣、社会和谐，到21世纪中叶成为富强民主、文明、和谐的社会主义现代化国家巍然屹立在世界东方。

——强国才能富民，强国也是为了富民。没有人民富裕，发展就不算成功；没有人民幸福，复兴就不算完成。我们谈复兴，不是为强大而强大，为发展而发展，而是要让我们的人民有更好的教育、更稳定的工作、更满意的收入、更可靠的社会保障、更高水平的医疗卫生服务、更舒适的居住条件、更优美的环境，我们的孩子们能成长得更好、工作得更好、生活得更好。更进一步说，就是要让中国人民自己当家做主，过上更加富裕、更加有尊严的生活，让13亿中国人民能实现每个人的自由全面发展。

——复兴不仅是经济政治的复兴，更是文化文明的复兴。我们要通过中华民族的伟大复兴，让一个能彰显五千年灿烂文化、能传承五千年悠久文明、能把自己的价值观与世界共享、能用自己的软实力促进世界共荣共进的中华民族傲然屹立于世界民族之林。

◇二 中国梦的基本道理

释梦，则是要讲清楚中国梦为什么是这样而不是那样，中国梦究其根本是什么梦等这些问题背后的道理所在。

（一）中国特色社会主义"大众版"

中国梦是在社会主义初级阶段的背景下实现中华民族伟大复兴，在发展中国家的基础上建设现代化，在13亿乃至更多人口的国度中实现共同富裕，在为西方主导的世界格局中实现大国的和平崛起等，所有这些都是过去从来没有过的全新的事情、全新的探索、全新的实践。在这个意义上，中国梦也是人类社会前所未有的一个崭新的梦。正因为"崭新"，如何做到复兴而不是复古，崛起而不是威胁，中国梦必须要用中国特色社会主义来为其界定内涵、塑造灵魂、彰显本质。所以，"中国梦"与"中国特色社会主义"是用不同的话语表达同一的事业，不是说有了"中国梦"就不要"中国特色社会主义"了，而是"中国梦"就是"中国特色社会主义"，中国梦打造的是中国特色社会主义的"大众版"。

我们经常讲马克思主义要大众化，其实中国特色社会主义也有一个大众化的问题。如何在保持中国特色社会主义精神实质与科学价值的同时，从话语体系上对其进行创造性转换，给当代中国社会和中国人民一个既能有憧憬、有超越又能看得见、摸得着的目标，一个既科学崇高又喜闻乐见的理想，让中国特色社会主义更加亲和、更加清晰、更加具体，就是中国梦要完成的历史任务。

可能有些同志瞧不起理论的大众化，甚至把大众化仅仅理解为对经典理论的大白话翻译，有点不"阳春白雪"、够不上"重大成果"，不愿意给大众化理论以应有的地位。这是一种故步自封、自以为是的不良心态，在思想上是错误的，在实践中更是有害的。

理论大众化不是一件容易的事情，理论创新是大众化的第一要义。诚然，"体系"是理论完备性的一种标志，但体系也只能是在理论领域的表述。理论要想进入实践领域就必须有实践的形态，进入大众领域必须要有大众的形态。属于大众的理论一定应该是简单、清晰、明了的，最好是"语录"，几句话、几个词。中国社会发展历史表明，"语录"恰是理论生命力最强盛的标志，最有作为的标志，最能发挥作用的标志。而要找到大众的兴奋点并把它凝练为"语录"，变成大众的口耳相传，使它与我们的基本理论在继承坚持中有发展创新、在与时俱进中有一脉相承，没有深厚的理论积淀、没有艰苦的理论创新是不可能做到的。

理论大众化又是一件很有价值也很紧迫的事情，没有大众化，中国特色社会主义就会被束之高阁。中国特色社会主义只有为人民群众所掌握，才能转变为巨大的物质力量。"中国梦"让中国特色社会主义的理论成果从书本里、文件中、会议上走了出来，走进群众火热的生活，走向中国蓬勃的实践，以简明的内容、通俗的形式、大众的思维、普及的方式让群众能掌握，会运用。这样的理论创新不仅让"中国梦"成为人民群众的思想武器，也让人民群众成了自己的物质武器。

(二) 中国梦的历史逻辑

现在大家都拿"美国梦"与"中国梦"作比较。像美国梦最直接的表现就是"个人梦"，来到美国这块土地上的任何人经过奋斗就有取得成功的可能。美国总统奥巴马曾经用自己的例子诠释美国梦：一个来自远离美国本土的非裔黑人都能成为世界上最强大国家的总统，还有什么是不可能的？

与美国梦不同的是，中国梦首先体现为民族梦、国家梦，是中华民族的伟大复兴。为什么我们的中国梦要首先体现为民族梦、国家梦呢？鸦片战争以来170多年的历史告诉我们，中国社会每个人的前途命运都与国家和民族的前途命运紧密相连。国家好，民族好，大家才会好。

19世纪之前的中国曾经是世界上最繁荣最富裕的国家之一，但是如果国家不强大，民族不兴盛，创造再多的财富也保不住。自1842年英国通过《南京条约》开了向中国勒索赔款的先例，其后《北京条约》《辛丑条约》《马关条约》中的赔款数额节节攀升，截至1901年，中国8次对外赔款达19.53亿银圆，相当于清政府当年全国财政总收入的16倍。据有关学者研究，如果加上货币的兑换和外国银行的高额利息以及各种实物资源的白白被掠夺，中国近代被外国侵略者、殖民者掠走的财富不少于1000亿两白银。[1] 更有甚者，能抢走的全部拿走，抢不走的也不给你留下。圆明园是一座中西艺术合璧的建筑瑰宝，但并没有因为充满西方艺术元素而避免其悲惨的命运，英法侵略军把其中的艺术珍品抢劫一空后，为了掩盖罪行，大火连烧3天3夜，使这座世界名园化为一片废墟。

中国人民本是耕读传家、礼义立身，但是国家不强大，民族不兴盛，

---

[1] 参见《中国的人权状况》白皮书，1991年11月。

在自己的国土上也是二等公民。1868年，上海在外滩的英租界建起了第一座公园，可公园却竖起了"华人与狗不准入内"的牌子。不管后来有些人怎么曲意淡化甚至否认那块牌子的存在，中国人曾经不能在自己的国土上自由出入却是怎么也抹杀不了的事实。1937年爆发的日本侵华战争中，中国人更是连生命安全都面临着威胁，仅仅八年间就伤亡3500万人。所有这些不愿回首但又不能忘却的记忆背后，是我们民族衰落、国家软弱导致的苦果。"皮之不存，毛将焉附"，当国家民族尚可被随意欺侮的时候，单个的中国人又能有什么样的梦想。

反过来，当我们的民族振兴了、国家强大了，世界对中国就换了一副面孔。我们就不用多讲中国人民从此站起来之后，美国总统尼克松万里迢迢主动访华，开启中美合作那样久远的历史了，其后的情形同样甚至更让中国人自豪。20世纪70年代末之后的30余年，中国特色社会主义的凯歌突进，让中国社会从经济到政治、从文化到社会发生了翻天覆地的变化。经济总量占全球比重超过10%，位居世界第二；国际贸易占全球比重超过11%，也位居世界第二。于是世界更加主动地倾听中国声音甚至寻求中国建议。具体到我们最普通百姓来说，到海外旅游最直观的感受就是所到之处的商场饭店都有会汉语的服务员，因为世界需要与中国人沟通。甚至连世界上批评中国的声音多起来的现象背后也是中国强大的反映。在2008年全球金融危机期间，一个外国媒体从业者说，中国变得越强大，人们对它的期望就越高，当有问题出现时，就会更多地责备它，但也只能责备责备。毕竟已经不能对中国颐指气使了，毕竟八国联军进中国的时代已经一去不复返了。

所以，中国梦凝聚了几代中国人的夙愿，体现了中华民族和中国人民的整体利益，是每一个中华儿女的共同期盼。为中国梦奋斗就是为人民自己的梦奋斗。中国梦实现之时也就是我们每一个中国人梦想实现之时，中华民族的伟大复兴之日也就是中国人民更加幸福、更加有尊严、更加自由全面发展之日。在这个意义上，中国梦究其根本是人民的梦。

人民的梦首先是民生梦，要让人民群众最关心、最直接、最现实的利益问题能心想事成，让学有所教、劳有所得、病有所医、老有所养、住有所居能梦想成真。前段时间中央电视台的新闻联播中有一个镜头相信会给很多人留下难忘的印象，一对城市低保家庭夫妇拿到了保障房钥匙后高兴得合不拢嘴，面对这样的笑容我们还需要多此一举问一句"你幸福吗"？伴随着民生梦的实现而来的是对尊严梦的追求。不仅要让人民群众过上小康乃至富裕的生活，还要过上更体面有尊严的生活。更进一步看，人民梦最根本的是成功梦。"中国梦"与"美国梦"的表现形式不一样，但在让人民成功这一点上又是相通的，绝不能说中国梦不鼓励人的成功。习近平总书记特别强调，要让每一个中国人都能"共同享有人生出彩的机会，共同享有梦想成真的机会，共同享有同祖国和时代一起成长与进步的机会"。当然，成功不能是想当然的，也不能急病乱投医。利用权力致富的"房叔房姐"其行为不正义，普通群众也学不来，不应该成为人民的成功梦，草根通过选秀一唱成名的"大衣哥"纯属偶然侥幸不靠谱，也不应该是人民的成功梦。人民的成功梦一定要是符合人民的本性、能为人民所掌握的梦想。

◇三　中国梦的世界意义

中国梦不仅是中国的，更是世界的。从实践的逻辑、理论的逻辑和文明的逻辑等层面把中国梦的文明价值与世界意义讲清楚，以更好地向世界说明中国，赢得世界对中国的理解、认同与尊重。

（一）实践的逻辑：中国梦是和平、发展、合作、共赢的梦

用占世界 7.2% 的国土让 20% 的人过上好生活，用与美国相当的疆域养

育4倍于美国的人口，中国人民用自己的道路与制度、用自己的生活方式，实现安居乐业、幸福成功的中国梦本身就是对世界的最大贡献。

但这只是中国梦的世界意义中很小的一个侧面。中国梦不是也不满足于"独善其身"，而是要在"兼济天下"中发展自己，通过发展自己来更好地兼济天下，造福世界。远的不说，60余年来中国社会发展的实践逻辑就明明白白地告诉世界，中国梦是和平、发展、合作、共赢的梦。

——和平与发展是时代主题，同样是中国梦的追梦之路。

"坚持独立自主的和平外交政策，坚持和平发展道路，坚持互利共赢的开放战略"，"反对霸权主义和强权政治，维护世界和平，促进人类进步，努力推动建设持久和平、共同繁荣的和谐世界"，这是《中国共产党党章》的规定；"始终不渝走和平发展道路，在坚持自己和平发展的同时，致力于维护世界和平，积极促进各国共同发展繁荣"，这是《中国的和平发展》白皮书的宣示。中国社会是这样想、这样讲也是这样做的。

在核阴影挥之不去的世界，中国是唯一公开承诺不首先使用核武器、不对无核武器国家和无核武器区使用或威胁使用核武器的核国家。这些年来，在重大国际和地区热点问题上，中国坚持劝和促谈，要和平不要战争，要发展不要贫穷，要合作不要对抗。中国积极参与维和行动，先后累计向联合国30项维和行动派出各类人员约2.1万人次，是派出维和人员最多的联合国安理会常任理事国。中国与国际社会共同努力，积极应对恐怖主义、大规模杀伤性武器扩散、气候变化、粮食和能源安全、重大自然灾害等全球性挑战，为此中国还参加了100多个政府间国际组织，签署了300多个国际公约。

——合作与共赢是时代的潮流，也是中国梦的自觉选择。

"零和博弈"曾是国际关系中的经典模式，但它也只是一个静态封闭系统中的特例，而伴随着科学技术的进步、文明思维的拓展，当今世界越来越呈现为一个开放动态的大系统。在这种开放动态的系统中，1+1是大于2

的，"正和博弈"不仅会是常态而且越来越凸显。在命运共同体的新视角，同舟共济、合作共赢的新理念下，中国持续快速发展得益于世界繁荣与发展，同时中国发展也为世界各国提供了共同发展的宝贵机遇和广阔空间。

自2001年加入世界贸易组织以来，中国年均进口6870亿美元的商品，为相关国家和地区创造了1400多万个就业岗位；中国同周边国家贸易额由1000多亿美元增至1.3万亿美元，已成为众多周边国家的最大贸易伙伴、最大出口市场、重要投资来源地。按照这样的发展态势，自2013年起，直至2018年，中国将进口10万亿美元左右的商品，对外投资规模将达到5000亿美元，出境旅游有可能超过4亿人次。根据高盛公司的研究报告，2000—2009年十年间，中国对全球经济增长的贡献率超过20%，高于美国，是欧元区的3倍。2009年国际金融危机和欧洲主权债务危机发生后，中国与国际社会一道，同舟共济、共克时艰，为世界经济稳定、复苏做出了重要贡献，当年中国对全球经济增长的贡献率甚至超过50%。世界经合组织对于中国对世界经济的贡献更是给予了热情的赞扬，据其2010年的一份报告指出，中国经济每增长1%，中等收入国家经济增长将提高0.34%，低收入国家经济增长将提高0.2%。

中国与世界的合作共赢不挑大国小国，不分远朋近邻。中国社会在重视改善和发展与发达国家关系，拓宽合作领域，妥善处理分歧，推动建立长期稳定健康发展的新型大国关系的同时，同样注重与邻为善、以邻为伴，巩固睦邻友好，深化互利合作，努力使自身发展更好地惠及周边国家；中国在为世界经济锦上添花的同时，也不忘对后发展国家的雪中送炭。近些年来，中国累计免除50个重债穷国和最不发达国家近300亿元人民币到期债务，承诺对同中国建交的最不发达国家97%的税目的产品给予零关税待遇。尽管现在的世界格局有其历史的印记，在公平正义、均衡普惠等方面有诸多缺憾与不足，中国社会始终以国际体系的积极参与者、建设者、贡献者的身份投身其中，既善意遵守现有的国际基本规则，又根据事情本身的是非曲直确定立场和政策，推动国际秩序和国际体系朝着公正合理的方向发展。

（二）理论的逻辑："中国梦与包括美国梦在内的世界各国人民的美好梦想相通"

自中国梦提出以来，在中国社会和国际社会间一直有两种力量在角力：一些人士在"普世价值"的幌子下想把中国梦归结于美国梦，用美国梦的内容为中国梦作注解；另一些人士出于意识形态的自觉则不遗余力地宣扬中国梦与美国梦的水火不容。应该说从各自的立场价值判断来说，两者皆有其自圆其说可理解之处，但势不两立、非白即黑、矫枉过正的态度对中国、对美国乃至对世界都不是建设性的，甚至还可能无事生非。

如何跳出这一怪圈，需要大智慧。中国梦里正蕴含了这样的智慧。

40多年前，中美两国实现了第一次"跨越太平洋的握手"，毛泽东主席与尼克松总统还进行了书房谈话，他们谈的是哲学。改变了世界观也就改变了世界，果真中美会谈后的两国关系与世界格局为之一新。

40多年后，中美两国又开启了新一轮"跨越太平洋的合作"，习近平主席与奥巴马总统举行了庄园会晤。在会晤中，习近平主席关于中国梦"与包括美国梦在内的世界各国人民的美好梦想相通"的论述，让中国也让世界从哲学的高度对中国梦的开放性与包容性有了新的认识。

——相通的潜台词是客观存在不同。

中国梦与美国梦是不同的，它们之间的差别是明显而又深刻的。美国梦最直接的表现就是个人成功梦，来到美国这块土地上的任何人经过奋斗都有取得成功的可能。而中国梦首先体现为民族梦、国家梦，是中华民族的伟大复兴。中国社会每个人的前途命运都与国家和民族的前途命运紧密相连，国家好，民族好，大家才会好。

对中、美两国梦之间的不同固然不要刻意去夸大，但也没有必要曲意去掩饰，因为这种不同背后是历史事实、发展方位、自身条件、奋斗目标等所导致的必然的与必须的不同。

中国是一个有着数千年东方灿烂文化的文明古国，又是一个坚持马克思主义理论、走社会主义道路的发展中国家；而美国则是一个基于西方文明渗润的、新兴的、移民的发达资本主义国家。历史、国情、价值观决定了中、美两国的梦必然会有着各自鲜明的特点与截然不同的内涵。

如果中、美两国的梦果真是一模一样的，是一个模子里复制出来的，恐怕不仅是中国的噩梦，也会是美国的噩梦，更会是整个世界的噩梦。我们仅以能源消耗为例，美国人均消耗原油22桶，中国人均消耗原油2桶。如果中国人与美国人一样消耗能源，世界将会是什么样子？

——因为不同有了相通的需要，也因为不同有了相通的可能。

当然，形式上的不同也是会导致误读与误解的。比如，美国社会出于对中国社会制度的选择、意识形态的坚持不了解而产生不理解甚至敌意，对于中国社会走和平发展道路同样持以怀疑、观望甚至惧怕的心理，所谓"中国威胁论"其实就是在这种心态下潜滋暗长的。同样中国社会相当多的普通民众对于美国坚持的自由、民主、法治、人权也持有一定的成见和怀疑，对于美国在世界上推行其美国式的价值观表示出极大的反感。在这样相互"误读"的情况下，中、美之间不可避免地出现了一系列矛盾、摩擦与冲突，不仅体现在经贸交往中，甚至还体现在其他更广的领域里，如网络、文化传播等。

但是，"和实生物，同则不济"。因为不同有了相通的需要，也因为不同有了相通的可能，还因为不同我们的世界才如此的美好。近来为中、美两国所共同关注的新型大国关系当然需要务实，小处着手、积微成著，但更需要的是大处着眼、登高望远。习近平主席曾引用唐宋八大家之一欧阳修的那句话"得其大者可以兼其小"对于中、美双方建设新型大国关系同样有借鉴意义。总是拘泥于中、美双方形式上的不同，总是在一些细枝末节上睚眦必报是走不出新型大国关系之路的。

——不同的形式背后有着共同的追求。

相距再远也同居地球，差别再大也皆为人类，再多再大的不同背后一定会有共同的基础。更何况有共同做参照才会显示出不同，之所以知道有不同是因为已经知道了共同是什么。这既是哲学的逻辑也是哲学的魅力。那么中国梦与美国梦之间的共同又是什么呢？

中国梦与美国梦追求成功与幸福的愿望是共同的，中国梦与美国梦在通过符合自己本性、彰显自己优势的途径、实现成功的思维方式上又是共同的。共同不是消灭异端，不是清一色，真正的共同需要通过不同体现出来，实现出来。

美国社会对他们的自由平等充满了自信与自负。其实，在追求自由平等方面，中国梦同样可以自豪。用我们中国共产党人精神导师马克思的话讲，我们的理想社会最大的特征就是"每个人的自由发展是一切人自由发展的前提"，这何尝不是一种更高层面的自由？中国梦致力的是人民当家做主，这又何尝不是"前无古人，后启来者"的平等？

因此，中国与美国都在以自己的方式为人类文明进步做出积极贡献。与社会主义市场经济相适应、与社会主义法律规范相协调、与中华民族传统美德相承接、以社会主义核心价值观为支撑，通过走中国道路、弘扬中国精神、凝聚中国力量而实现的中国梦为人类社会提供了一条和平、发展、合作、共赢、让世界变得更好的道路。同样，在美国社会所崇尚的自由、民主、平等、竞争等理念支持下的美国梦也造就了一个充满活力与创新、为世界所瞩目、引领世界发展潮流的社会发展模式。

在和谐中相通，因相通而共赢，这是哲学世界观的改变，这也正是改变世界的开始。我们从中国梦与包括美国梦在内的世界各国人民的美好梦想相通中看到了一个崭新而又美好的世界。

(三)文明的逻辑：在不同文明的熏习下是不同的行为模式与不同的价值评判

实现中华民族伟大复兴是当代中国最伟大的梦想，但复兴不是复古，不是寻回往日封建帝国的荣光，这不再可能也没有意义。往昔中华民族对世界的最大贡献绝非仅仅是经济富庶与国力强盛，而是文明的传播与文化的弘扬，当代中国同样需要在文明的传承、昌盛、创新方面再为世界做出新的贡献。因此，复兴最根本的是文明的复兴，中国梦究其根本是文明梦，是为世界文明进步做出更大贡献。

文明的核心是价值理念及其主导下的思维与行为模式。中华文明源远流长又与时维新的"和谐"价值理念，特别是由此而展开的人与自然和谐、人与人和谐、身与心和谐等思维与行为模式不仅为中国梦抹上了浓浓的文明底色，更为"让世界变得更好"提供了一种新的文明图景。

——中国梦努力探索人与自然和谐发展的文明新路。

曾几何时，中国人民忍着心中的痛楚把用坚船利炮摧毁包括中国社会在内的诸多田园生活的行为看作进步，毕竟近四百年来在西方工业文明背景下实现了人类社会前所未有的物质大丰富，经济大繁荣。但是随着社会资源枯竭、环境恶化、生态退化等现象的日益凸显，工业文明那种把人与自然截然对立，对自然无限征服吃干榨尽式的掠夺性行为已经日暮途穷，发展的丧钟已然敲响，人类不得不吞咽自己亲手种下的苦果了。人类社会不能不发展，但又不能这样饮鸩止渴地发展，毕竟我们只有一个地球。在这样的背景下作为中国梦重要内涵的社会主义生态文明把中华文明中天人合一、人与自然和谐相处的思想与西方工业文明有机结合并创造性地转换，为人类社会实现可持续发展走出了一条文明新路，让早已不堪重负的地球实现"休养生息"成为可能。中国社会进行工业化城镇化的决心不会动摇、力度不会减小、行动不会退缩，但我们的工业化与城镇化是在社会主义生态文明背景下的工业化城镇化，是既不浪费资源又不污染环境的新型工业化城镇化。

——中国梦为人类不同种族、不同国家间和平共处、和平发展提供了文明范式。

这些年来包括美国在内的西方社会总担心中国强大了会对世界构成威胁，这样的疑虑之所以挥之不去就是源于他们在西方文明范式下认识思考人类社会的发展。确实，想当年哥伦布发现了新大陆后做的第一件事就是插上帝国的旗帜并以女王的名义宣布占领，英国蒸汽机革命后首先想到的就是拓展海外殖民地。但是，与哥伦布大体同期稍早的中国郑和七下西洋，比哥伦布还多三次，可所到之处播撒的是和平的种子，传递的是大国的气度。鉴古可以知今，当年强大的中国都未觊觎过他国，今日复兴的中国又怎么可能威胁世界？在不同文明的熏习下是不同的行为模式与不同的价值评判。新型大国关系之所以有意义又之所以有可能正是因为基于中华五千年灿烂文明的中国梦给了中国、给了美国也给了世界一种新的世界观：原来世界可以这样和平、发展、合作、共赢。所以，中国好世界好，这并不是什么外交辞令，而是基于中国梦的文明禀赋所决定的发展道路与发展方略。更进一步看，随着人类战争技术的进步，在擦枪走火就可能引发大毁灭的时代，中国梦所倡导的和谐世界是何等弥足珍贵的文明理念。

——中国梦追求的心与物、身与心的和谐，为认识人自己、实现人生完满幸福提供了价值导引。

西方社会以向外部世界的征服开启了文明的征程，结果是走得越远越迷惘，斩获越丰越空虚，以至于理性驾驭不了欲望，利害遏制不住贪婪。尤其在现代社会，焦虑、抑郁、单向度已成为了久治难愈的"文明病"。诚然，人最大的敌人不是自然界，也不是他人，就是自己。如何反观自我，涵养修身，体悟人生的真谛，发现人生的意义，走出心与物、身与心的二元对立分裂，不再心为物役，给世界也给自己一份祥和，现代社会急需中华文明的滋养。

中国梦之所以能做到这一点，是因为文明的复兴从来不是孤芳自赏，而是在各种文明激荡中光大与兴盛。中国梦站在东西方文明的交汇点上，立足中华文明又从西方文明中汲取了很多的智慧与成果。5000多年的中华文明是中国梦的文明之根，近170年的马克思主义是中国梦的信仰之魂，"二战"以后70年来世界发展进步的成果是中国梦的宝贵借鉴。

在前段时间的一次国际学术论坛上，笔者与一些西方学者讲，中国社会对西方文明是十分感谢的，西方文明既给了我们"主义"，又给了我们经验。那些西方学者先是一愣，随即报以会心的微笑。确实，中国梦对世界是开放的，世界对中国梦同样需要一种开放的心态。习近平主席曾讲过，宽广的太平洋有足够空间容纳中、美两个大国。如果摘下传统西方文明的有色眼镜，人类会发现我们的眼界与胸怀比太平洋要宽广不知多少倍。

因此，中国梦的文明逻辑告诉世界一个道理：每个国家、每个民族自由的发展是一切国家与民族自由发展的前提。历史并没有终结，人类社会并不是只有一条现成的路，还有很多的新路有待我们去开辟；人类的价值从来不是单一的，五彩缤纷的价值争奇斗艳、共存共生才是人类社会本来和应该的价值图景。

◇四　中国梦的实现路径

要想美梦成真，让梦想照进现实，不仅要讲清楚中国梦是什么和为什么，还要讲清楚中国梦的实现之路与战略要求。这就是习近平总书记在十二届全国人大一次会议闭幕会上讲话中提出的"三个必须"：必须走中国道路，必须弘扬中国精神，必须凝聚中国力量。

——也许条条大路通罗马，但通往罗马的路是一定到不了香格里拉的。

梦不同,圆梦的道路亦不同。实现中国梦的道路就是"中国道路"。

实现中华民族伟大复兴需要进行时空的大幅压缩与跨越,我们要用数十年走过现代西方社会数百年的历程,这一特点决定了中国道路必须是一条赶超之路。为了赶超,我们的道路要能集中力量办大事。"中国道路"的内在机理与运行模式决定了它可以形成强大的统一意志和组织力量,让全国成为一盘棋,把一切经济、政治、社会资源都组织调动起来,同心同德、同舟共济,上下贯通,统一行动,重点攻关解决难题,快速高效应对各种突发事件、完成各种任务。而且这条道路又是一条我们自己走出来的路。90多年的开辟、60多年的探索、30多年的实践,经历了艰辛探索、曲折徘徊、凯歌突进,各种酸甜苦辣都品尝过,各种艰难险阻都跨越过,也正是这丰富的经历让我们对这条道路心中有数。不仅如此,习近平总书记还强调中国道路"是在对近代以来170多年中华民族发展历程的深刻总结中走出来的,是在对中华民族5000多年悠久文明的传承中走出来的"。从历史和文明的层面阐述中国道路的源远流长,将中国道路上溯5000多年,意味是极其深长的。

——梦不同,背后的精神与价值支撑亦不同。以爱国主义为核心的民族精神,以改革创新为核心的时代精神,是中国梦凝心聚力的兴国之魂、强国之魄。

中华民族在五千多年的发展史中,饱受侵略、欺凌和挫折,但仍然在苦难中创造辉煌,一个根本原因就是形成了把中华民族坚强团结在一起的爱国主义。以爱国主义为支撑的中国梦把"国"与"家"、"民"与"族"融为了国家民族,将个人的奋斗发展与全体人民、全民族的奋斗发展有机统一起来,充分发挥人民群众的积极性、主动性、创造性,让人民群众自己当家做主实现自己的发展,建设自己的社会。改革创新则始终是鞭策我们在改革开放中与时俱进的精神力量。中国梦是在社会主义初级阶段的背景下实现中华民族伟大复兴,在发展中国家的基础上建设现代化,在13亿乃至更多人口的国度中实现共同富裕，在以西方为主导的世界格局中实现大国的和平崛起等，所有这些都是过去从来没有过的全新的事情、全新的探索、全新的实践。这就要求我们不能满足于寻常的做法，更不能因循守旧，要以创新的精神寻找新方法、探索新路径、积累新经验、采取新举措，用创新走出新路，用创新实现新梦。

——中国梦是伟大的事业，中国梦是宏伟的蓝图。伟大的事业、宏伟的蓝图要有强大的力量来保障。

中国走社会主义市场经济之路，自然就会产生不同的利益主体，表现在社会结构中就是不同的利益群体和社会阶层。不同的社会阶层与利益群体自然会有其不同的阶层群体意识、不同的价值观念、不同的行为模式、不同的利益诉求，等等。固然，社会的"不同""多元"是现代社会发展进步的标志，但中国社会百年追梦的历程告诉我们一盘散沙成就不了伟业，各行其是也实现不了愿景。

凝聚力量先要凝聚共识，而凝聚共识的基础是社会的整合。同一个世界同一个梦想，很美好的期望，但也只能是期望；在现实社会中同一个世界未见得有同一个梦想。没有同一种生活，何来同一个梦想？

当一个社会先富起来的人挖空心思想通过富二代乃至富N代把财富固化下来，握有权力的人通过"萝卜"招聘、定向提拔塑造官二代乃至官N代的时候，当普通家庭的孩子奋斗十八年也不可能与他们坐下来喝一杯咖啡，甚至当农民的孩子都不准备再上大学，或者四年大学后依然是农民工的时候，他们相互之间是否还会把对方视作一体的，还当作是同类？猫见到老鼠肯定要去吃的，老鼠见了猫当然要想方设法跑掉。你死我活的生存模式怎能心往一处想？

当然，同一种生活绝对不是指大家都穿一模一样的衣服、都住一模一样的房子、都吃一模一样的饭。绝对的平均主义不仅没有现实性，也不具有理论上的合理性。我们讲"同一种生活"是指政治权利之"同"，人格尊严之"同"。面对社会经济运行,我们可能分属不同阶层与不同群体。但面对政治权利,我们只有一个身份——"公民";面对大自然与宇宙,我们更是只有一个名字——"人类"。社会可分化不可排斥,可差别不可异化。

如果说此前的中国社会是要通过社会群体分化,在"你们""我们"与"他们"的分别中求得活力与动力的话,今后的中国社会则需要通过社会群体的整合,重新把"你们""我们"与"他们"化为"大家"以求得合力与向心力。

"兄弟同心,其利断金。"有了共识,有了共享,有了共富,还有什么样的困难不能战胜,又有什么样的梦想不会实现?因为"中国梦"就是"大家"的梦,也只能是"大家"的梦。

◇五 中国梦的实践要求

再美好的梦想在没有变成现实之前也只是梦想,而梦想的实现不是谈出来的而是干出来的。邓小平同志讲过,不干,半点马克思主义都没有。同样道理,不干,中华民族伟大复兴也只能停留在梦中。空谈只会误国,实干才能兴邦。圆梦,就是要以实干兴邦的精神状态,求真务实、脚踏实地、攻坚克难,为让"中国梦"照进现实打下坚实的基础。

——实干首先是求真务实地干。

我国仍处于并将长期处于社会主义初级阶段的基本国情没有变,人民日益增长的物质文化需要同落后的社会生产之间的矛盾这一社会主要矛盾没有变,我国是世界最大发展中国家的国际地位没有变。这就要求我们牢牢把握社会主义初级阶段这个最大国情,把社会主义初级阶段这个最大实际作为根本出发点,既不好高骛远,也不妄自菲薄;既不谨小慎微,也不头脑发热,出实策、鼓实劲、办实事,像习近平总书记所要求的"夙夜在公，勤勉工作"，坚决制止各种追求表面文章，不讲实际效果、实际效率、实际速度、实际质量、实际成本的形式主义，坚决杜绝说空话、说大话、说假话的恶习。

——实干还是面向未来的脚踏实地。

现在有些朋友们开玩笑说，马克思主义者让社会主义从空想走向科学，我们现在又让社会主义从现实回到了梦想。这个玩笑话是荒唐错误的，之所以荒唐错误就在于曲解乃至误解了中国梦的实践基础与现实性；但这个玩笑话又不是完全没有意义的，对我们也是一个提醒，如果不能科学地处理好中国梦指向未来与立足当下的关系问题，梦可能就真的成了梦。其实中国梦同时设定了两个时间坐标。面向未来，中国梦承载了我们一切美好的希冀与追求，民主充分、法治昌盛、权利神圣、国富民强，乃至人的自由全面发展等，都是其题中应有之义，通向这一梦想的道路没有休止符；着眼当下，中国梦要求我们一切的制度安排、一切的政策导引都应努力扶正祛邪，去恶向善，通过阶段性的目标一步一步为走向新社会奠基铺路，用实实在在的行动表明中国梦的起点就在脚下而不在别处。把这两个时间坐标结合起来，就是要我们在追求理想的同时始终脚踏实地干好我们必须要干的事情，不坐而论道、眼高手低，在投身当下实践的过程中丝毫不忘前进方向，不得过且过、饮鸩止渴。

——实干还要勇于攻坚克难。

中国梦的实现不会一蹴而就，也不可能一帆风顺，用党的十八大报告的话讲，甚至还"必须准备进行具有许多新的历史特点的伟大斗争"。在这一过程中可能会遇到巨大的阻力，遭受巨大的压力，需要蹚过深水区，踏过地雷阵，甚至还可能革命"革"到我们执政者自己的头上，让我们已经习惯了的行为模式不再管用、不再能用，让我们把已经装到口袋里的利益再掏出来。但正如李克强总理所讲的，触动利益比触动灵魂要难得多。断人家"房叔""房姐"的发财路，不让人家"表叔""表哥"们炫耀夸富是有阻力的，不仅会给你暗中使绊子，通过潜规则让你力不从心，甚至还会控制舆论影响社会没理搅三分。这就要求我们以更大的政治勇气和智慧，更高的政治觉悟以及更深的政治感情，不仅要触动利益，更要触动灵魂，从标到本打破制约"中国梦"实现的不合理利益格局，消除阻碍中国梦实现的不正当行为，为中国梦的实现扫清障碍，铺平道路。

第 二 章

战略目标:全面建成小康社会

何为全面小康?

2012年11月15日,刚刚当选中共中央总书记的习近平,用朴实的语言,道出了中国人民心中的这一战略目标:"更好的教育、更稳定的工作、更满意的收入、更可靠的社会保障、更高水平的医疗卫生服务、更舒适的居住条件、更优美的环境","孩子们能成长得更好、工作得更好、生活得更好"。总书记这番话用人民群众喜闻乐见的表达生动呈现了中国共产党在十八大上描绘的全面小康蓝图。

◇ 一 小康社会的理论源流

"小康社会"是中国古代经典《礼记·礼运》中描绘的一个与理想社会最高阶段"大同社会"相对应的理想社会的初级阶段。邓小平针对中国尚处于、并将长期处于社会主义初级阶段这一基本国情,将"小康社会"这一概念,进行马克思主义创造性的转换,赋予其马克思主义的科学内涵,作为中国社会现代化发展目标提了出来。

（一）邓小平提出"小康社会"

我们原来设想，到 20 世纪末实现四个现代化。这是一个鼓舞人心的奋斗目标。但是，经过同世界各国现代化的发展水平相比较，邓小平认为到 20 世纪末只能达到发达国家 20 世纪 70 年代的水平。他决定把我们在 20 世纪末达到的现代化水平改称为"中国式的现代化"。在 1979 年 3 月，他提出了这个极其重要的问题。同年 12 月，他进一步把"中国式的现代化"称为"小康之家"。后来他明确地说，达到这样的现代化，就达到了小康社会。邓小平同志曾经总结说："到本世纪末在中国建立一个小康社会。这个小康社会，叫做中国式的现代化。翻两番、小康社会、中国式的现代化，这些都是我们的新概念。"[①]

邓小平把建设小康社会与"三步走"的发展战略构想结合起来。他说："我们原定的目标是，第一步在 80 年代翻一番。以 1980 年为基数，当时国民生产总值人均只有 250 美元，翻一番，达到 500 美元。第二步是到本世纪末，再翻一番，人均达到 1000 美元。实现这个目标意味着我们进入小康社会，把贫困的中国变成小康的中国。"[②] 邓小平同志所构想的小康社会，是一个经济发展、政治民主、社会安定、精神文明、环境优美、人民安居乐业和综合国力强盛的经济、政治、文化全面协调发展的社会，是中华民族走向新的复兴的社会发展阶段，"反映到人民生活上，我们就叫小康水平；反映到国力上，就是较强的国家"。

到 20 世纪末，我们已经实现了翻两番，走完了前两步。那么全面建设小康社会自然就成为高举邓小平理论伟大旗帜，在 21 世纪实现我们雄心壮志，迈向战略构想的"第三步走"。

[①] 《邓小平文选》第 3 卷，人民出版社 1993 年版，第 54 页。

[②] 同上书，第 226 页。

我们应该注意到，在中央标准的提法中，"全面建设小康社会"是与"加快推进社会主义现代化"并列在一起的。实现现代化是中国人民梦寐以求的社会理想，但是由于国情和发展道路的不同，中国的现代化进程不可能照抄照搬西方现代化模式。小康社会构想，正是以邓小平为代表的中国共产党人，参照西方现代化发展状况，立足中国具体实际，所提出的中国现代化发展战略。党的十五大把它概括为："展望新世纪，我们的目标是，第一个十年实现国民生产总值比2000年翻一番，使全国人民的小康生活的更加宽裕，形成完善的社会主义市场经济；再经过十年的努力，到建党一百年时，使国民经济更加发展，各项制度更加完善；到下个世纪中叶，建国一百年时，基本实现现代化，建成富强文明的社会主义国家。"

中国式的现代化，有自己特定的内涵，这就是经济上的繁荣富强，政治上的高度民主和思想文化上的高度文明。而且坚持社会主义，实现共同富裕更是中国现代化题中应有之义，重中之重。"不坚持社会主义，中国的小康社会形成不了。"[1] "我们社会主义制度是以公有制为基础的，是共同富裕，那时候我们叫小康社会，是人民生活普遍提高的小康社会。"[2] 全面建设小康社会，把这些目标凝聚到了一起，汇成了一条实现中国式现代化的康庄大道。

（二）承前启后的社会发展阶段新定位

那么，"全面建设小康社会"究竟是一个什么样的社会发展阶段呢？它与"社会主义初级阶段"是什么样的关系，突出提出来又有什么样的意义呢？

首先，全面建设小康社会，标志着我们走出了贫困，跨越了温饱，已

---

[1] 《邓小平文选》第3卷，第64页。
[2] 同上书，第216页。

经向着富裕迈进,标志着我们有中国特色社会主义事业取得重大突破。大致来说关于小康生活的评价标准有两个:一个是以消费结构(恩格尔系数)为参照系数的标准,即用于购买食物的支出在消费支出中所占的比例在50%以下;再一个是以人均GDP(国民生产总值)为参照的标准,即指人均GDP超过800美元。

经过中国共产党和中国各族人民20多年的艰苦努力,中国社会于1997年提前三年实现了人均国民生产总值比1980年翻两番的宏伟目标;从1980年至1999年,中国经济总量的增长速度远远高于国际水平,年均GDP增长率为9.8%。根据国家统计局公布的资料,到2000年年底,我国GDP超过10000亿美元,亦即人均GDP超过800美元。人民的生活跨越了温饱,城乡居民的"恩格尔系数"分别降至40%和50%左右的水平,这标志着中国社会总体进入了小康社会,实现了现代化建设"三步走"战略目标的前两步。这是改革开放和现代化建设的丰硕成果,是中华民族发展史上一个新的里程碑。因此,当时宣布我国已总体进入小康是有充分依据的,这表明我们在21世纪的发展是站在了一个新的起点之上。这一新起点来之不易,但意义十分重大,这涉及对中国20多年改革开放所取得成就的判断与评价。因此对"全面建设小康社会"这一阶段的认识,应该上升到是我们在总体上进入小康社会后进一步发展,向"更加宽裕的小康社会"乃至"基本现代化"迈进的关键阶段这一高度。

其次,全面建设小康社会,并没有越过社会主义初级阶段这一历史长过程,而是社会主义初级阶段的一个具体发展阶段。虽然我们已经总体上进入了小康社会,但我们的经济和文化发展水平还不高,就人均国民生产总值来说,还属于世界中下等国家水平。在社会发展阶段上仍然处于社会主义初级阶段。

社会发展理论告诉我们,发展是有阶段性的,阶段性是不能想当然地去逾越的。特定的生产力发展水平和生产关系、上层建筑决定着阶段性的特点。

一方面，当代中国的社会生产力仍然是不发达的。我国现在最多处于工业化的中期，城市化的发展只能算刚刚起步，而信息化发展更只是破题。所以，无论是产业结构还是增长方式都打着明显的生产力不发达的印记。如我国产业仍然以普通装备制造业为主，仍以劳动密集型为主，自主创新能力不足，属于产业结构的低端；在增长方式上仍然以高投资、高消耗、重污染为主，这两年来完成节能减排的任务之所以压力大，固然有局部地区、个别群体利害计算因素在内，但更主要的也是我们在实现资源节约、环境友好方面的生产力水平低下。所有这一切都提醒我们，绝不能因为30多年来经济发展的巨大成就，就误以为背后的生产力水平已经实现了跨越与突破。

另一方面，社会生产力是根本的，但仅仅看到生产力还是不够的，生产关系、上层建筑对生产力具有巨大的反作用。讲初级阶段，不光要讲生产力的不发达，还要讲社会主义制度的不够完善和不够成熟。在社会主义初级阶段，我们现在的社会主义制度确实不够完善和不够成熟。承认这一点并不丢脸，也不可怕；反倒是不承认这一点是可怕的，也是对中国社会发展不负责任的。我们制度的不完善、不成熟体现在具体社会生活中，就是一些具体制度不规范、不配套、不协调。比如我们在做大蛋糕与分好蛋糕方面的制度就存在相当的不协调。而制度的变革与完善更是一个渐进的过程。邓小平在20世纪90年代初指出：恐怕再有30年的时间，我们才会在各方面形成一整套更加成熟、更加定型的制度。

◇二 小康社会的内涵演变

中国社会对"小康社会"的具体要求及其内涵的认识在不断深化，从中国共产党第十六次代表大会到随后的十七大、十八大,对全面建设小康社会的目标不断提出新的要求。

在党的十六大上,全面建设小康社会的目标是:

——在优化结构和提高效益的基础上,国内生产总值到2020年力争比2000年翻两番,综合国力和国际竞争力明显增强。基本实现工业化,建成完善的社会主义市场经济体制和更具活力、更加开放的经济体系。城镇人口的比重较大幅度提高,工农差别、城乡差别和地区差别扩大的趋势逐步扭转。社会保障体系比较健全,社会就业比较充分,家庭财产普遍增加,人民过上更加富足的生活。

——社会主义民主更加完善,社会主义法制更加完备,依法治国基本方略得到全面落实,人民的政治、经济和文化权益得到切实尊重和保障。基层民主更加健全,社会秩序良好,人民安居乐业。

——全民族的思想道德素质、科学文化素质和健康素质明显提高,形成比较完善的现代国民教育体系、科技和文化创新体系、全民健身和医疗卫生体系。人民享有接受良好教育的机会,基本普及高中阶段教育,消除文盲。形成全民学习、终身学习的学习型社会,促进人的全面发展。

——可持续发展能力不断增强,生态环境得到改善,资源利用效率显著提高,促进人与自然的和谐,推动整个社会走上生产发展、生活富裕、生态良好的文明发展道路。

到党的十七大,小康社会奋斗目标的要求又拓展为以下五个方面:

——增强发展协调性,努力实现经济又好又快发展。转变发展方式取得重大进展,在优化结构、提高效益、降低消耗、保护环境的基础上,实现人均国内生产总值到2020年比2000年翻两番。社会主义市场经济体制更加完善。自主创新能力显著提高,科技进步对经济增长的贡献率大幅上升,进入创新型国家行列。居民消费率稳步提高,形成消费、投资、出口协调拉动的增长格局。城乡、区域协调互动发展机制和主体功能区布局基本形成。社会主义新农村建设取得重大进展。城镇人口比重明显增加。

——扩大社会主义民主,更好保障人民权益和社会公平正义。公民政治参与有序扩大。依法治国基本方略深入落实,全社会法制观念进一步增强,法治政府建设取得新成效。基层民主制度更加完善。政府提供基本公共服务能力显著增强。

——加强文化建设,明显提高全民族文明素质。社会主义核心价值体系深入人心,良好思想道德风尚进一步弘扬。覆盖全社会的公共文化服务体系基本建立,文化产业占国民经济比重明显提高、国际竞争力显著增强,适应人民需要的文化产品更加丰富。

——加快发展社会事业,全面改善人民生活。现代国民教育体系更加完善,终身教育体系基本形成,全民受教育程度和创新人才培养水平明显提高。社会就业更加充分。覆盖城乡居民的社会保障体系基本建立,人人享有基本生活保障。合理有序的收入分配格局基本形成,中等收入者占多数,绝对贫困现象基本消除。人人享有基本医疗卫生服务。社会管理体系更加健全。

——建设生态文明,基本形成节约能源资源和保护生态环境的产业结构、增长方式、消费模式。循环经济形成较大规模,可再生能源比重显著上升。主要污染物排放得到有效控制,生态环境质量明显改善。生态文明观念在全社会牢固树立。

而在党的十八大上,这一奋斗目标的要求又进一步丰富为:

——经济持续健康发展。转变经济发展方式取得重大进展,在发展平衡性、协调性、可持续性明显增强的基础上,实现国内生产总值和城乡居民人均收入比 2010 年翻一番。科技进步对经济增长的贡献率大幅上升,进入创新型国家行列。工业化基本实现,信息化水平大幅提升,城镇化质量明显提高,农业现代化和社会主义新农村建设成效显著,区域协调发展机制基本形成。对外开放水平进一步提高,国际竞争力明显增强。

——人民民主不断扩大。民主制度更加完善,民主形式更加丰富,人民积极性、主动性、创造性进一步发挥。依法治国基本方略全面落实,法治政府基本建成,司法公信力不断提高,人权得到切实尊重和保障。

——文化软实力显著增强。社会主义核心价值体系深入人心,公民文明素质和社会文明程度明显提高。文化产品更加丰富,公共文化服务体系基本建成,文化产业成为国民经济支柱性产业,中华文化"走出去"迈出更大步伐,社会主义文化强国建设基础更加坚实。

——人民生活水平全面提高。基本公共服务均等化总体实现。全民受教育程度和创新人才培养水平明显提高,进入人才强国和人力资源强国行列,教育现代化基本实现。就业更加充分。收入分配差距缩小,中等收入群体持续扩大,扶贫对象大幅减少。社会保障全民覆盖,人人享有基本医疗卫生服务,住房保障体系基本形成,社会和谐稳定。

——资源节约型、环境友好型社会建设取得重大进展。主体功能区布局基本形成,资源循环利用体系初步建立。单位国内生产总值能源消耗和二氧化碳排放大幅下降,主要污染物排放总量显著减少。森林覆盖率提高,生态系统稳定性增强,人居环境明显改善。

我们把十八大的小康目标新要求与十六大、十七大相比,就可以发现有很多值得关注的变化:

比如,在把国内生产总值"翻番"的目标由"总量"改为"人均"的基础上,又增加了城乡居民人均收入翻番的要求,同时还增加了"优化结构、提高效益、降低消耗、保护环境"等前提条件,这是一个更高标准的小康。人均GDP更能反映居民在经济发展中分享的成果,人均可支配收入则更反映人民群众生活水平的实际状况,这反映出全面建设小康社会的新要求更注重"以人为本"。

又比如,奋斗目标新要求中不再提"基本实现工业化",而代之以"进入创新型国家",这表明我们发展要上新台阶,仅仅依靠劳动密集发展工业是不可能为小康目标实现打下坚实基础的。

　　再比如，奋斗目标提出了"居民消费率稳步提高"的新要求。近些年来，我国居民消费率逐渐下滑，不仅低于国际平均水平，甚至低于一些发展中国家的水平。这表明我们经济增长与人民群众生活水平提高之间没有保持合理的协调。其实经济发展不能为发展而发展，我们发展的成果，无论物质成果，还是精神成果，都应该为最广大的人民群众所共享，都应该满足人民群众日益增长的物质文化需要。这一新要求正是发展价值指向转变的标志。

　　还比如，在继十七大小康目标中提出"生态文明"概念的基础上，十八大又把这一目标进一步具体化。这表明我们对人与自然关系的认识达到了一个新的水平。自然界不再仅仅是人类索取、征服的对象，而是与人类自身生存发展密切相关的独立主体。人类要想获得持续美好的生活，必须与自然界和谐相处。建设生态文明是实现人与自然和谐的前提与基础。近年来，由于生态被破坏而引起的社会矛盾，呈上升的趋势，更是凸显了生态文明建设的重要性和紧迫性。

◇三 "总体"不等于"全面"

　　我们在看到成绩并充分肯定成绩的同时，也要看到，我们目前的小康仍然是初级阶段的小康，现在达到的小康还是低水平的、不全面的、发展很不平衡的小康，我们还必须对以下一些问题予以高度重视：

　　——现在的小康是部分小康而不是全部小康。

　　中国共产党在十六大上之所以做出中国总体实现小康的判断，是基于中国人均GDP超过800美元这一指标而言的。当今，伴随着中国经济总量的增加，人均GDP已经超过5000美元。相应的，人民群众的整体财富也得到了很大的提升，收入水平也不断增加。所以我们使用"人均"这一概念进行小康社会的描述是有充分事实基础的。但必须注意到，平均数固然可以说明很多问题，平均数也可能会掩盖很多问题。在中国目前社会贫富差距不断扩大的背景下，片面地使用平均数会产生一些误导。比如，2014年中国农民人均纯收入9892元，但处于平均数以下的农民却占了一多半。所以当我们说总体小康的时候，一定要搞清楚是大部分的"总体"还是小部分的"总体"。

——判断小康进程要防止数字误区。

进入小康社会还有一个很重要的指标就是恩格尔系数，即家庭用于食物支出占全部支出的比重。一个社会的恩格尔系数如果降至50%以下，则标志着这一社会已进入小康社会。我国在2002年时，农村恩格尔系数为46.2%，城镇为37.7%，均已低于50%。经过十多年的发展，恩格尔系数下降得更是快速，2013年，农村为37.2%，城镇为35.0%。如果我们单从数字来看，确实是好现象。但结合我国目前群众实际生活水平，我们必须深入问一声，恩格尔系数是自然下降还是不得不下降。所谓自然下降，就是指随着人民群众收入水平的不断提高，即使饮食水平不断提高，但用于食物的支出在全部支出中的比例越来越小；而不得不下降则是指由于家庭还有其他支出是相当刚性，以至于饮食水平只能停留于较低水平，节约出来的钱用于其他支出。现在很多群众面对日益攀升的住房价格、教育费用、医疗费用、未来不能确定的养老费用等，只能克制自己的饮食水平。这种情形导致的恩格尔系数下降，实在不是可以让我们乐观和轻松的，这样算出来的小康也不是真实的小康，而是数字误区。

——经济小康是基础但不是全部。

中国小康目标的各类指标中，经济指标的实现率比较高，而其他指标的实现率就相对差一些。这就表明我们目前的小康主要还是经济小康。固然经济小康是其他一切小康的基础，但基础毕竟不是全部。

邓小平曾说，发展起来以后的问题不比不发展时少。在没有解决温饱问题时，人民群众可能对公平正义等社会问题的感受不明显、不强烈。可是随着人民群众的物质生活水平日益提高，对精神文化、健康安全等方面的需求日益增长，对于政治参与方面的要求也相应增长，不再仅仅满足于经济小康，对于文化小康、社会小康，甚至政治小康都提出了很具体的要求。

小康社会不仅包括物质生活，还包括工作条件、健康状况、社会关系、政治环境与自然环境等。甚至更进一步，还要包括社会个体的主观感受，像幸福感、满足感、成就感、归属感、认同感、掌控感、自由观等。我们必须看到，建设小康社会的目的是什么，是努力趋向人的全面发展而不是相反。小康社会是为了人而不是人为了小康社会。也就要求必须对为了实现小康我们应该和能够，准备和预计承担、接受什么样的代价有科学的认识。没有休息、没有闲暇的生活，可能增加一些物质条件，但不是真正的小康。

——社会小康是个体小康的前提。

小康社会的建成固然要以提高社会个体的财富为主要目标，但社会环境的相应跟进也是必不可少的。否则，个体财富中要拿出很大一块支付本不应该支付的社会成本，会无形中将好不容易增加的社会个体的财富消化掉。像目前城市中家庭购买汽车的比例越来越高。这似乎是城镇居民生活水平的提高，消费品升级的标志。但当我们分析居民买车意图时，很大一部分是出于上下班用车的目的。为什么上下班要自己开车呢，主要不是出于享受意愿，而是城市公共交通的不健全，使得居民不得不自己解决公共交通问题。这就是明显的社会成本个体化。另外城市住房价格的快速攀升，也是居民额外承担社会成本的一个方面。2010年，中国城镇居民人均居住支出比2002年增长了68.7%，这一数据里占很大比重的不是居民住房面积的扩大而是单位面积成本的增加。这就提醒我们，在实现小康的过程中，社会公共服务一定要跟得上。没有相应的公共服务水平，没有相应的社会建设，个体的小康水平是要大打折扣的。

◇◇ 四　全面小康的障碍与挑战

对于中国社会来说，制约小康目标实现的最根本原因当然是社会生产力水平的相对落后和社会财富的相对不充裕。但一些不科学、有疑问的社会运行方式、体制机制安排等因素的制约性似乎体现得更为直接。必须对这些具体的问题有清醒的认识与积极的应对。

（一）财富形成方式存在疑问

这些年来，我们倡导效率优先，但在保障公平方面存在制度缺失，结果社会贫富差距、区域差距、城乡差距越拉越大，基尼系数逼近0.45甚至更高，10%的群体占有了接近一半的财富；鼓励允许一部分人先富起来，但在落实"通过劳动和合法经营"这个前提方面，又没有明确的制度保障，结果这些年先富起来的一部分人中，劳动积累财富未成主导态势，靠转移财富、巧取豪夺的甚至渐成气候。而且这种财富积累已成路径依赖，并且日趋定型化。

在全面建设小康社会的过程中，我们要坚持共同富裕，让人民群众共享改革发展成果。马克思主义告诉我们，分配决定于生产，反过来又作用于生产，对生产力的发展起促进或阻碍作用。如果分配不合理，分配过程和分配结果违背共同富裕的要求，就是违背社会主义本质要求的，人民群众的积极性、创造性就不可能得到充分发挥，全面小康也不可能建成。邓小平讲过："共同富裕，我们从改革一开始就讲，将来总有一天要成为中心课题。社会主义不是少数人富起来、大多数人穷,不是那个样子。社会主义最大的优越性就是共同富裕,这是体现社会主义本质的一个东西。"① 我们必须坚持改革开放和社会主义现代化建设的成果,无论物质成果,还是精神成果,都应该为最广大的人民群众所共享,都应该满足人民群众日益增长的物质文化需要,这是全国各族人民的根本利益所在。

(二) 社会生活方式隐患重重

虽然中国已经总体实现小康,但我们对小康社会的计算说到底是下中等收入国家的现代化之路。无论按照国际货币基金组织还是世界银行的计算口径,中国人均 GDP 国际排位均在百位之后。但目前中国社会中一些群体的生活方式却远远超越中国现有的发展水平。据有关材料显示,2013 年中国奢侈品市场的销售额已经达到 52 亿美元,是世界第二大奢侈品消费国。而且据预计,到 2015 年奢侈品销售额将超过 115 亿美元,消费总量将占全球的 29%。某些国民的这种生活方式不仅会导致社会财富的浪费,还会引起社会群体间的冲突。全面建设小康社会,必须对这种生活方式予以遏制。此外,一些政府部门的铺张浪费现象也需要引起警觉。

(三) 公共服务方式亟待改进

目前中国社会的公共服务方面既存在政府部门为了逃避责任而导致公共服务不到位的现象,又存在政府一些成员为了小群体利益而过度提供公共物品的现象。这两种现象对全面建设小康社会提出挑战。在全面建设小康社会的过程中,我们要以解决人民最关心、最直接、最现实的利益问题

---

① 《邓小平文选》第 3 卷,第 364 页。

为重点，使经济发展成果更多体现到改善民生上，尤其要注重下大力气建设社会保障体系、国民教育体系、全民健身和医疗卫生体系，使全国人民的物质生活、精神生活、政治权利和生存环境得到全面改善。努力使社会保障体系比较健全，社会就业比较充分，家庭财产普遍增加，人民过上更加富足的生活；社会主义民主更加完善，社会主义法制更加完备，依法治国基本方略得到全面落实，人民的政治、经济和文化权益得到切实尊重和保障；人民在更大范围、更高层次上享有接受良好教育的机会，全民族的思想道德素质、科学文化素质和健康素质明显提高等目标，能真正走进人民群众的生活之中，成为人民群众实实在在的生活感受。

（四）社会转型成本日渐积累

小康社会不仅是一个从不宽裕到宽裕建设的过程，也是一个从不太公正到比较公正转型的过程。但是已经获得的利益是刚性的，要让获得较多利益的群体主动放弃一些本不应该属于自己的利益是很困难的。所以我们很多的政策措施往往只在增量上做文章，不在存量上下功夫。这就导致社会转型的成本在不断积累而得不到化解。其实共享成果不仅要看增量，也要看存量，毕竟后者更直接、更现实。我们必须找到化解社会转型成本的方法与途径，否则全面建设小康社会势必困难重重。

◇五　全面小康的文化发展

现在，文化作为"软实力"的地位越来越得到全社会的认同。文化之所以被称为"软实力"是与经济、军事等那些看得见、摸得着的"硬实力"相对而言的。但文化看不见、摸不着不等于就是"可以任意打扮的小姑娘"，一个社会的文化倘使没有了指向、没有了根本、没有了基石，就只有"软"而没有"实力"可言了。所以，"软实力"背后要有"硬要求"。

（一）"意识形态"的硬要求

文化作为一种精神现象和精神产品，有着多重的属性，但在所有的属性中，意识形态是最本质的属性之一。马克思主义认为，文化是一定社会的经济和政治在观念形态上的反映，又反作用于一定社会的经济和政治。毛泽东在《新民主主义论》中说得更为明确："一定的文化（当作观念形态的文化）是一定社会的政治和经济的反映，又给予伟大影响和作用于一定社会的政治和经济。"

文化的意识形态属性确立了文化在一个社会中具有举足轻重的地位，决定着社会中对一些根本性问题的立场，比如说价值判断，什么是好什么是不好，什么是善什么又是恶，什么是应该的什么是不应该的，什么是有意义的什么又是荒谬的，等等。为什么在一个社会中的不应该在另一个社会中却被视为理所当然，为什么在一个社会中神圣不可侵犯的东西在另一个社会被当作小丑，皆是源于文化的意识形态功能。

意识形态并不是人头脑中的"假想物"，它所反映的是一定阶级的政治经济利益，体现的是该阶级共同的价值追求。只要阶级、政党和国家存在，意识形态就不会从根本的意义上终结。只不过这种根本利益之争随着政治、经济以及科学技术的发展，会以不同的形式表达出来而已。别看现在西方社会在贩卖什么"超意识形态"思潮，鼓吹淡化意识形态、摒弃意识形态，其实"去意识形态""反意识形态"本身就是一种强烈的意识形态行为。

文化具有鲜明的意识形态属性，更有强大的意识形态功能。

文化一旦为人所真正接受，就会像一只无形的手，以一种无形的但又强有力的力量，把人的行为拉入文化价值设定的制度规范的轨道。这种力量不是外在的，而是发自人内心的，是人的一种自觉与自愿，甚至是一种无意识，但这种力量所形成的效果确实有强烈规范意味。正如马克斯·韦伯所说的，人们遵守文化道德习俗时的那种"毫无思考"与"出于方便"就是一种无意识。这种无意识使得文化道德习俗"在今天可能还是非常命令性的，连一个独裁者也没法推翻它们"①。在这种情形下就会出现我们常说的"从心所欲而不逾矩""心甘情愿"的现象。

正是基于对文化意识形态属性的认知和对文化强大意识形态功能的需求，美国特别热衷于向全世界贩卖它的好莱坞电影，有些时候甚至还愿意倒贴钱在一些发展中国家放映。为什么？1994年的时候，一个美国学者的研究报告泄露了天机：如果一个国家，尤其是东方国家，当它的民众喝着可口可乐、穿着牛仔裤、听着摇滚乐、看着好莱坞大片的时候，不管这个国家的社会制度本来与我们有多么的不同，实际上他们的社会状态与我们已经没有多大差别了。

至于说目前西方社会大肆鼓吹的"普世价值"，更是文化彰显意识形态属性、承担意识形态功能的表现。火与剑的对抗征服不了社会主义，经济的制裁与禁运扼杀不了社会主义，西方资本主义又想用文化来达到它们的目标了。

兵来将挡，水来土掩。当别人祭起意识形态的法宝时，我们当然不能自废武功。十八大以来，中国社会将树立社会主义核心价值观作为文化建设的根本任务，就是因为社会主义核心价值观是社会主义意识形态的本质体现，是兴国之魂，是社会主义先进文化的精髓，决定着中国特色社会主义的发展方向。

文化自觉，首先就是对文化意识形态功能与属性的高度自觉。

---

① [美]约翰·康芒斯：《制度经济学》（上册），商务印书馆1962年版，第90页。

(二)"精神家园"的硬要求

当我们谈及文化的时候，往往会有一些词汇与之紧紧相连，像"文化积淀""文化传承""文化赓续"。这些用语其实表达了同一个事实，这就是文化是要有历史的，文化是有根脉的。文化的历史、文化的根脉就是一个民族、一个社会的"精神家园"。中华文化的优秀传统，中华民族的伟大精神一直是鼓舞我国各族人民不断前进的精神力量。这也就是为什么中国共产党特别强调，从成立之日起，就是中华优秀传统文化的忠实传承者和弘扬者。

我们之所以要强调文化的"精神家园"属性，是因为文化中有一个民族的记忆，更有一个民族的生命。在人类文明发展过程中，各种文明有历史长短之分，无高低优劣之别，这就是文明的多样性。不同的文明孕育出了不同形态的文化。

"精神家园"背后是文化多样性的反映。文化多样性最大的特点就是，对于别的文化主体来说，一种价值选择似乎是"非理性"的，可对于本文化主体来说却都是有充分理性的。生活在北极圈内的爱斯基摩人是不可能理解非洲热带丛林中土著居民的信仰与习惯的。就算同样的内容，在不同文化环境中都会有不同的表现形式。我们以人类"爱"的情感为例。爱是人类社会的最高情感，也是人类社会最宝贵的情感。没有爱的社会是不可忍受的，任何社会都应该把爱作为核心的价值观。但爱不是抽象的情感，爱中凝结着历史与文化的传承，因而不同文化形态中爱的形式与爱的内涵是不一样的。在西方基督教文化中，一个家庭中的父母儿女面对上帝都是"神的兄弟"，没有辈分的差别，这决定了它的爱是"博爱"，任何人对任何人的爱体现的都是"神对世人没有差别的爱"。而在中国传统文化中孝父敬长天理昭昭，儿子倘使跟父亲称兄道弟岂不反了天了。所以，中国的爱体现为"仁爱",是一种"关系之爱"。虽然"仁者爱人",却爱有差等。向上爱父向下爱子,亲爱夫妇敬爱英雄,同样是爱,形式内涵截然不同。

文化无疑是要发展的,但枝繁叶茂离不开根的滋养。不论文化多么的与时俱进,内容扩展了,形式变化了,文化的精神依然绵延不绝也不能绝,总要回到自己的原点。每个民族都有自己的精神家园,不同民族的精神家园是不一样的,你的家园对别人来说可能就是异乡。自己的家园可能有这样那样的不尽如人意,但凡家园都是温暖的,都是可依赖的,在那里可以找到精神的安定与祥和。梁园虽好,不是久居之地,讲的就是家园与异乡的差别。游子不管走多远,哪怕远行千里,总要回到自己的家园。

文化也无疑是丰富的,中国文化从来不排斥对外来文化的汲取与借鉴,但再吸纳外来文化,宾主也不能错位。中华文化一个很大的特点,就是对外来文化有着强大的整合能力,许多外来文化传入后,都实现了同中华文化的有机融合。之所以能如此,就是在吸收外来文化时,以我为主、为我所用,重在实现中国化、本土化,把优秀的外来文化同我国的传统文化结合起来,融入中国文化的元素,打上中华文化的烙印。

毛泽东讲过,对待外来文化,应当以中国的实际需要为基础,如同我们对待食物一样,必须经过自己的口腔咀嚼和肠胃运动。历史学家范文澜也说过同样意思的话,人吃猪肉是为了消化以后变成人的肌肉强身健体,绝对不是要通过吃猪肉而变成猪。对于那些在文化借鉴中食洋不化的人来说,这些话语实在是黄钟大吕。

目前,在全球化的背景下,西方发达国家往往习惯凭借自己政治、经济的优势去否定别的国家自身文化的优势,强求文化同一,而一些民族国家出于经济政治的弱势对自身文化也丧失了起码的自信,乃至自惭形秽,甚至主动去栉沐欧风美雨。其实,"不同""多元"是社会发展的必然,更是现代社会文明进步的标志。中国有句古话说得好,"和实生物,同则不继"。所有的民族、所有的国家都选择同一种文化,强求一律,只会导致人类文明失去动力、僵化衰落，不管那种文化看起来是多么的先进、多么的现代、多么的科学。

我们讲文化自信，体现在行为上就是珍惜、守住并更加发扬光大我们文化的"精神家园"。

（三）"大众实践"的硬要求

文化不是摆在展览柜中的花瓶，更不是停留于故纸堆里的文字，文化是要用来塑造人的思想、导引人的生活、影响人的行为的，因此，只有走向大众实践的文化才是有生命力也有价值的文化。所谓走向"大众实践"，就是文化必须能代表大众的利益与心声，满足大众的需要与喜爱，符合大众的审美习惯与价值珍重，吸引大众的注意与参与。

——走向大众实践的文化首先是来自大众的。

从表面上看，文化好像是由才子佳人、精英人物创造的，四书五经是圣人讲的，诗歌曲赋是文人的专利，普通大众好像只有在一旁看的份，何来置喙的权利。其实不然，大众生活固然是自然形态的东西，是粗糙的东西，但也是最生动、最丰富、最基本的东西，大众生活实践才是文化取之不尽、用之不竭的唯一的源泉。离开大众生活实践的文化是苍白的、无力的，也是不可能存续的。而且随着现代社会的发展，文化教育水平的提高，大众对文化的贡献已经从"源泉"变化为"操刀"，深度参与了文化的养成。文化由少数上层知识分子的特权，越来越表现为普通人群的文化需求和文化生活。

——走向大众实践的文化必须是属于大众的。

一个东西属于不属于自己，关键在于是否与自己的生存状态、生活所需相关联。高高在上、不着边际，拒人于千里之外，大众只能敬而远之。既然是走向大众实践的文化，就要同中国的现实需要结合起来，解决中国的实际问题，服务人们的生产生活实践；要同人民大众的接受习惯结合起来，创造适合大众思维方式、审美情趣的表现形式，为大众喜闻乐见。当我们的社会尚处在社会主义初级阶段，我们的绝大多数群众刚刚开始小康生活，柴米油盐依然是他们关注的重心的时候，我们的一些文化作品中整天珠光宝气、豪宅名车、帝王气派、富豪品味、没事找事、无病呻吟，大众怎么会把这看作是属于自己的文化。甚至不仅不认同，还可能成为矛盾激化的导火索。反过来，现在电视中的一些国学讲座，虽然就学术角度来看有很多的硬伤，让内行人皱眉头，但切合了大众的需要，满足了大众对经典文化的渴求，大众就把它看作是自己的文化。其实，这种现象在文化发展史上也是有先例的。佛教从印度进入中国，墨守本经的流派惨淡经营，离经叛道的宗派成了中国佛教主流，其势头甚至超过它的发源地。

——走向大众实践的文化更要是为了大众的。

随着现代社会文明进步，享有文化权利已经成为人的一个基本权利。人民群众不仅要吃饱穿暖，不仅要精神温饱、精神小康，还要文化温饱、文化小康。文化不是少数人的自娱自乐，而是广大群众的基本权益。文化为人民服务，这是我们文化发展的根本方针。但是走向大众实践的文化固然要着眼于满足人民群众多样化精神文化需求，更为根本的是要彰显大众的权利，促进大众作为有尊严的人自由全面发展。现在值得注意的是，一些号称"大众文化"的作品，用庸俗低劣一味地迎合社会大众的直观需求、本能欲望。这些思想和观念其实对大众是很不利的，甚至是有害的，但是在一些所谓"文化工厂"包装之后，社会大众并不知觉。我们的文化不仅要满足大众直观的需求，反映他们本能的欲望，更要能在潜移默化中实现文化的提升与文明的教化。做到了这一点，才可谓真正为了大众。

◇◇六 小康社会的政治优势

一个社会的政治制度肯定要有其赖以立足、得以发展、能够成功、其他制度较之又不可能有的独门秘籍，彰显、运用这些政治优势对于实现其制度的目标蓝图具有至关重要的意义。只是在把握政治优势的时候一定要清醒、科学、准确，想当然地把一些政治优势的副产品当作政治优势本身、或者说把本不应该的一些东西当成政治优势的体现，不仅不可能实现制度设计中的政治发展，甚至会在政治发展中陷入窘境。更为严峻的是还有可能把本来真正的政治优势淡化、遗忘、伤害，以至于最终丧失政治制度的立身之本。

（一）政治优势取决于政治目标

政治优势从来不是抽象的，政治优势不能脱离社会的政治目标去夸夸其谈。不同的政治目标需要不同的政治制度，不同的政治制度又有其不同的政治优势。就好比目标是游水，则乌龟有明显的优势；目标是长跑，则兔子当仁不让。把建立在不同政治目标之上的政治优势拿来进行比较，无异于"龟兔赛跑"或"龟兔游泳"，不仅不公平，也没有任何意义。

更何况，政治优势是政治制度的内生结晶，嫁接是嫁接不来真正的政治优势的。从外来制度中生吞活剥拿来一些小名词、小技巧（尽管这些东西在别的制度体系中是好东西，是人家的政治优势），不仅不会转化为我们自己的政治优势，反而会消化不良、上吐下泻。

所以，政治优势必须与政治目标紧密结合，根据不同的政治目标来形成、培育、锻造不同的政治优势。就中国社会来说，政治目标一直是明确的，这就是通过政治制度完成以下三个方面的任务：

一是国家富强，民族复兴。中国社会的任何发展首先必须是以"中国"为主题的发展，以"中华民族"为指向的发展。面向世界，中国是以一个有着自己完整价值观、一脉相承的文化为支撑的大国走向世界，是让中华民族在世界民族之林中与其他民族和谐共荣，而不是在全球化的过程中弱化主权、消解民族、迷失自我；中国参与国际经济社会分工，是为了一个现代化中国的崛起，而不是仅仅成为"世界工厂"，成为他国的打工者。反观国内，中国是一个不可分割的有机整体，中国是960万平方公里上的每一寸土地，是大江南北的全部区域，不论是东部沿海还是西部内陆、不论是城市还是农村在中国的发展中都要协调同进，不能以一部分区域的边缘化与付出为代价换取另一部分区域的异常繁荣，因为这样的繁荣是不可持续的，是虚假的，甚至是有害的。

二是人民富裕，当家做主。中国社会的发展最根本的，也是最高的目标是让中国人民自己当家做主过上更加富裕、更加有尊严的生活，是让中国人民能实现每个人的自由全面的发展。所以中国社会的发展必须把"中国人民"作为最高评判者。这里的"中国人民"是中国社会13亿人的全部，不是这一部分、那一部分。社会分层是社会发展的客观态势，但社会意义上的差别不能成为政治权利差别的借口。中国社会13亿人尽管身份有不同、职业有不同、能力有不同，但在政治权利上必须一视同仁，并且他们中的每一个人都有为自己争取当家做主的神圣不可侵犯的权利，都有实现自由全面发展的权利。如果实在不可兼得的时候，必须以中国社会最大多数群体的利益为最高利益，以中国最大多数群体的权利为最重点保障的权利。在这一点上，我们不需要遮遮掩掩。

三是在前两个要求的基础上推进中国经济社会又好又快的发展。以中国为主题，以中国人民为主体，在这样的前提下，我们积极借鉴一切有益于我们发展的好制度、好方法；我们虚心学习一切能推进我们发展的好技术、好模式；我们调动一切积极因素、鼓励一切资源要素在与我们共同的发展中实现他们的发展。

这些政治目标是中国共产党人和中国民众数十年来矢志不渝的追求与基本共识。中国社会的政治制度就是要围绕这些目标而建设，中国社会的政治优势就是要服从这些目标而养成。如果不认可这些政治目标，却来与我们谈政治制度的优劣、谈政治优势的好坏，无异于参辰卯酉，道不相谋。

（二）中国政治优势的当然选择

当明确了中国社会发展的政治目标，自然就会发现中国社会的政治优势所在了：政党宗旨的优秀、制度立场的鲜明、社会民众的认可。中国社会的政治优势当然是这些内容，也只能是这些内容。

第一，有一个拥有崇高政治纲领的领导核心，中国共产党。

世界上成千上万的政党，只有中国共产党把"没有自己特殊的利益"写入政党党章，只有共产党人敢说自己是用特殊材料制成的人。因为这一条是其他任何政党做不到也不准备这样做的，也正因为这一条，使得中国共产党在众多政党中脱颖而出成为中国的唯一执政党。中国共产党用其纲领告诉中国社会，共产主义体现在现实的经济政治生活中就是为了最大多数人的利益。这最大多数人是"无产阶级"也好，是"工人阶级"也罢，称谓随着时代的不同可能会也可以有不同的说法，但它必须确实是一个社会中的最大多数。只要中国共产党把自己在党章中宣示的"除了工人阶级和最广大人民群众的利益，没有自己特殊的利益"的要求体现在执政实践中，怎么能得不到社会的认同与信服？"壁立千仞，无欲则刚。"一个社会有8000多万没有自己特殊的利益、甘为社会为他人奉献的群体，有什么样的难题不能破解？有什么样的力量不能征服？有什么样的奇迹不会发生？

第二，有一个能让人民群众当家做主的基本制度——人民代表大会制度。制度哲学研究告诉我们，制度是非中性的，不同的制度有其不同的优势群体，不同的制度对社会群体利益的关注是很不相同的。对于中国社会这样一个有着13亿人口而且其中绝大多数是普通工人农民的国度，制度的设计必须让中国社会最大多数的人能掌握这一制度、能使用这一制度，会运用这一制度来保障自己的权利、行使自己的权力。排斥最广大群众的、少数精英群体自娱自乐的制度安排在中国社会不具有政治合法性，也注定得不到最大多数群众的支持。中国社会的人民代表大会制度使得国家形成一种一元化权力结构，它体现了社会主义的性质，也体现了国家"一切权力来自人民、一切权力属于人民"的原则，它的制度逻辑究其本质是有利于保证和实现人民群众当家做主的。

第三，有人民群众对中国共产党的支持，对中国社会发展目标的认同，对过上更好生活的期待。人民，只有人民才是历史的创造者，才是中国社会发展的根本动力。所以，对于中国社会来说，最大的、最根本的、最不可或缺的政治优势就是人民的认同与支持。由于中国共产党主张全心全意为人民服务，所以人民群众支持它；由于中国社会是在走社会主义道路，所以人民群众认可它；由于中国的发展目的是要让人民不断过上更好的新生活，所以人民群众积极投身中国改革发展的实践。

至于我们通常讲的集中力量办大事的优势，不是孤立的、不是自生的，而是来自人民群众对"办大事"的认同与支持。有了这认同与支持自然就有了集中力量，没有了这认同与支持再怎么喊集中力量也无济于事。至于说伴生这一模式而出现的所谓"一言堂""清一色""压倒一切"等现象不仅不是什么优势，反而是中国社会发展的莫大障碍。所以，对于集中力量办大事这种"优势"的认知一定要谨慎，说过头了就会本末倒置，贻害无穷。

（三）政治优势需要呵护与涵养

借用中国共产党的一句话，政治优势不是一劳永逸、一成不变的，过去是优势不等于现在还是优势，过去拥有不等于现在拥有，现在拥有不等于永远拥有。

随着中国社会的发展变化，随着我们面临的新情况新问题不断涌现，中国社会的政治优势也面临着严峻的挑战。这挑战固然有来自外部的，但更要害的是来自我们内部。毕竟如果我们真的把我们自己的事情做得很好，外部的质疑也好、嫉妒也罢，甚至所谓威胁都将化于无形。

首先，我们要真正把政党的宗旨践行于政党的执政实践中。实事求是地讲，这些年来，群众对我们一些政党成员在宗旨方面讲得多做得少、空话多实事少，意见比较大，对此我们应该虚心接受，有则改之无则加勉。但更进一步看，还有一种现象更值得我们警觉。这就是政党的宗旨信仰在一些成员、一些组织那里越来越淡漠了，有些政党成员甚至对自己曾经的誓言都有些疑惑了，有些不自信了。在这样的心态下，执政宗旨在执政实践中的体现如何就可想而知了。恩格斯曾经旗帜鲜明地讲政党理论"越是毫无顾忌和大公无私，它就越符合工人的利益和愿望"[1]。中国共产党人同样需要旗帜鲜明地把自己的信仰高高宣扬，越是毫无顾忌和大公无私，就越符合中国人民的利益和愿望。在这里，我们要特别强调的是，暂时没有做到并不可怕，但如果连去追求的思想都没有了，甚至都认为不必要去追求了，那才是最可怕的事情。

其次，我们要让制度的运行更加体现本来意图，杜绝制度运行中的失灵与变异。好的制度不仅体现在制度理念上，同时也体现在制度执行上。

---

[1]《马克思恩格斯选集》第4卷，人民出版社1995年版，第258页。

好的制度得不到真正的执行或者说被偷梁换柱、阳奉阴违，其危害更大。我们要研究总结人民代表大会制度运行过程中的经验与教训，及时地把成功有效的做法发扬光大，把有缺憾不规范的行为消灭于萌芽状态、未发之初，把一些现在虽然在运行但已经不符合社会发展实际和人民群众权利提升的做法摒弃掉，让人民代表真正能代表人民，让人民代表能真正行使代表权力，让国家政府的各个部门、各个组织既心甘情愿又不得不服从人民代表大会的最高权力。

最后，用先进的行为夯实群众的支持，用真实的理想凝聚群众的共识，用发展的事实满足群众的新期待。在这些方面，我们有大量细致而又艰巨的工作要做，既是"自觉补课"，更是"自我证明"。

比如，现在人民群众对一些政党成员的行为很失望，我们无可回避。有些政党成员对于他们不符合政党宗旨的行为总是用"共产党员也是人嘛"的借口去辩护，不被群众认同还感到委屈。他们对"中国共产党人是人，但更是特殊材料制成的人"这一判断，总是不能理解、不愿接受。其实对于真正的中国共产党人来说，这句话是再自然不过的事情了。这句话的逻辑只能是这样而不能颠倒过来。颠倒过来，谬以千里，自毁长城。否则群众会问，你思想不比我优秀，行为不比我先进，凭什么还要继续执政？这样的质疑实在是很严肃，也很严峻的。

又比如，我们必须向人民群众明白彻底地讲清楚中国特色社会主义共同理想的基本内涵、具体内容，让人民群众真信、真懂、真去追求。不能老是含糊其辞、言不由衷、顾左右而言他。一种理论既解决不了群众关心的问题，又回答不了群众疑惑的问题，是会让群众失望，进而不信任甚至反对的。马克思有一句名言："理论只要说服人，就能掌握群众；而理论只要彻底，就能说服人。所谓彻底，就是抓住事物的根本。"[①] 我们在追求理

[①] 《马克思恩格斯选集》第1卷，人民出版社1995年版，第9页。

论彻底方面尚任重道远，不仅要有智慧，更要有勇气，当然更根本的还是要坦荡与无私。

再比如，必须用真实的成果来向人民群众证明中国社会的发展成就。没有国民收入的实质性提高，单纯的GDP位列世界第二是没有多大意义的；没有人民群众住有所居的基本保障，此起彼伏的高楼大厦徒增经济泡沫；没有失地农民在城市中的安居乐业，片面的城市化有害无益；没有每一位群众生活的小康，没有每一个区域乡村的小康，数据统计出来的"小康社会"也没有多大价值。

当我们把这一切都做到的时候，中国社会的政治优势自然就会体现出来并发挥出它的巨大功效，自然就会用中国社会持续健康快速的发展为自己正名。我们不需要再去多说什么，更不用去担心、害怕别人指指点点，说三道四。

第 三 章

战略举措:全面深化改革

党的十八大以来,以习近平同志为总书记的党中央站在全局和历史的高度,明确了全面深化改革的战略布局,实现了改革理论和政策的一系列重大突破,形成了全面深化改革的重要战略思想。如果说,改革开放是当代中国最鲜明的特色,以更大的政治勇气和智慧推进改革,用全局观念和系统思维谋划改革,就是党的十八大以来深化改革最鲜明的特征。党的改革方略步入一个全新高度,中国改革开放进入了一个全新境界。

◇一 改革达成什么样的新共识

当代中国30多年的改革不仅带来了经济的快速发展和社会的巨大进步,更是在体制创新方面取得了丰硕成果。作为改革开放的总设计师,邓小平十分重视改革开放过程中的体制创新。他多次讲我们的改革,"是一场革命。当然,这不是对人的革命,而是对体制的革命"[1]。"不改革,不进行体制创新,很多问题的解决就没有出路。"我们搞改革开放就是要通过革除旧的体制,建立新的体制,在体制创新中实现兴利除弊,使社会主义制度更加完善、巩固,使我国生产力得到进一步解放和发展。

---

[1] 《邓小平文选》第2卷,人民出版社1994年版,第135页。

毫无疑问，社会主义制度是人类社会发展过程中最好的制度之一，但好的制度也要靠一系列不同层次的、具体的制度体制来体现。历史发展表明，不同层次具体制度体制并不一定总是与社会生产力的发展要求相适应，并不一定总是有助于根本制度的完善与发展。因此，为了根本制度的完善和发展，进行具体制度体制的创新是历史发展的客观要求。

邓小平指出："社会主义基本制度确立以后，还要从根本上改变束缚生产力发展的经济体制，建立起充满生机和活力的社会主义经济体制。"[1]"要发展生产力，经济体制改革是必由之路。"[2] 我们的改革就是在立足我国具体的国情、总结社会主义建设经验教训的基础上，根据社会生产力的现实水平和进一步发展的客观要求，自觉调整生产关系中与生产力不相适应的部分，调整上层建筑中与经济基础不相适应的部分的一次伟大的体制创新。

就具体方面来说，中国农村改革的展开与深化伴随着农村家庭联产承包责任制的创新与发展；国有企业的改革过程伴随着扩大企业自主权、推行经济责任制，实行"利改税"、完善经营机制，推行和完善厂长（经理）负责制，直到后来建立现代企业制度和现代产权制度等一系列体制创新的过程；对外开放，建立经济特区和开放14个沿海城市，同样是我们在吸收外国的资金、先进技术和管理经验的基础上创新经营管理体制和对外经济合作体制的过程。从我们完善社会主义所有制结构，探索公有制的实现形式方面来看，这一过程更为明显。为了适应对外开放的需要，1984年，党的十二届三中全会通过《中共中央关于经济体制改革的决定》，从体制上对外资在我国社会经济中的地位和作用给予了定位："利用外资，吸引外商来我国举办合资经营企业、合作经营企业和独资企业，也是对我国社会主义经济必要的有益的补充。"随着各种市场主体发育的日益成熟，到1992年，党的十四大明确地指出："在所有制结构上，以公有制包括全民所有制和集

---

[1] 《邓小平文选》第3卷，第370页。
[2] 同上书，第138页。

体所有制经济为主体,个体经济、私营经济、外资经济为补充,多种经济成分长期共同发展,不同经济成分还可以自愿实行多种形式的联合经营。"紧接着十四届三中全会通过了《中共中央关于建立社会主义市场经济体制若干问题的决定》,去掉"为补充"的提法,直接提出坚持以公有制为主体,多种经济成分共同发展。伴随着社会主义市场经济的日益深化,1997年,党的十五大又进一步指出:"公有制为主体、多种所有制经济共同发展,是我国社会主义初级阶段的一项基本经济制度。"党的十六大在坚持和完善基本经济制度的基础上,更是提出了"两个不动摇":"毫不动摇地巩固和发展公有制经济"和"毫不动摇地鼓励、支持和引导非公有制经济发展"。到了党的十六届三中全会,提出股份制成为公有制最主要形式的要求,标志着我们在经济体制创新方面进入了更加完善和具体化的新阶段。

中国共产党十分重视总结改革在体制创新方面取得的成果。早在1962年,邓小平就曾指出:"生产关系究竟以什么形式为最好,恐怕要采取这样一种态度,就是哪种形式在哪个地方比较容易比较快地恢复和发展农业生产,就采取哪种形式;群众愿意采取哪种形式,就应该采取哪种形式,不合法的使它合法起来。"[1] 在改革开放中的体制创新,就是这么一个"不合法的使它合法起来"的过程,把曾经认为是不可以、不允许、不合法的,但是在实践中又证明是行之有效的、有利于解放和发展社会生产力的做法,通过体制与制度安排的形式给固定下来,给合法化、认可下来。像党的十三大提出的计划与市场内在统一的社会主义有计划商品经济的体制,作为我国改革开放早期成果之一,邓小平认为,这是写出了一部"马克思主义基本原理和中国社会主义实践相结合的政治经济学","有些是我们老祖宗没有说过的话,有些新话",[2] 但是他接着说,"没有前几年的实践不可能写出这样的文件。写出来,也很不容易通过,会被看作'异端'"。为了不被

---

[1] 《邓小平文选》第1卷,人民出版社1994年版,第323页。
[2] 《邓小平文选》第3卷,第83、91页。

认为是异端，我们通过党的代表大会把它以制度体制的形式给固定下来。再往后的党的十四大、十五大、十六大更是注意及时地把我们在体制创新方面取得的进步作为改革开放的成果给固定下来。我们把社会主义制度与市场经济制度有机地结合，建立和完善社会主义市场经济体制，这实是人类制度发展史上的伟大创举。

反过来，体制创新又从根本上保障了改革开放的丰硕成果。改革开放取得的成果有些是物质层面的，比如经济总量的增加、国家实力的提升，人民生活水平的提高等；有的是观念和社会关系层面的，比如新的经济政治社会运行模式、科学的经济政治关系和社会关系、进步的思想与理念等。物质层面的成果可能是相对容易认同的，观念和社会关系方面的成果则往往有不同的看法。可是如果观念社会层面的改革发展成果保持不住，物质层面的成果也将毁于一旦。要想把改革开放中取得的这些观念和社会关系方面的成果很好地保持并巩固下来，同样离不开体制创新。党的十一届三中全会以后，我们开始了以市场为取向的改革，改革在许多方面取得了重大成果，市场机制不断增强。但是市场在资源配置中的基础性作用尚未正式确立。相当多的同志对于市场作用还有不同的看法。这不同的看法直接影响到改革的进一步深化和已有改革成果的巩固。在这关键时刻，党的十四大根据邓小平"计划经济不等于社会主义，资本主义也有计划，市场经济不等于资本主义，社会主义也有市场，计划和市场都是手段"的科学论断，明确提出："要建立社会主义市场经济体制"，构建起了市场主体、市场体系、市场调控以及保障市场有效运行的收入分配和社会保障制度等社会主义市场经济体制的"五大支柱"。社会主义市场经济体制的确立，从制度层面解决了思想的混乱和行动的不一致，真正从根本上有力地保障了改革开放的成果。

改革开放的进一步深化期待体制创新的全方位突破。当代中国到了改革开放和发展的关键时期，这一时期，触及的矛盾更加尖锐，涉及的利益更加复杂,自然碰到的阻力也就越大。改革开放面对的是名副其实的攻坚战,绕不开,也躲不过。20多年来改革开放的经验告诉我们,要想求得改革开放的进一步深化,必须在体制创新方面有全方位的、更进一步的突破。

实现体制创新的全方位突破,首先要做到对体制的真正创新、真正变革。邓小平特别强调,体制改革不是对原有经济体制的细枝末节的修补,而是对体制的根本性变革。"从根本上改变束缚生产力发展的经济体制,建立起充满生机和活力的社会主义经济体制。"① "如果不坚决改革现行制度中的弊端,过去出现的一些严重问题今后就有可能重新出现。只有对这些弊端进行有计划、有步骤而又坚决彻底的改革,人民才会信任我们的领导,才会信任党和社会主义,我们的事业才有无限的希望。"② 体制创新是一个永无止境的过程,旧的、不合时宜的体制需要进一步革除,改革过程中形成的一些新的体制也有进一步创新和完善的要求,不能浅尝辄止,更不能迁就避让。在这方面,要像邓小平所说的"这个任务,我们这一代人也许不能全部完成,但是,至少我们有责任为它的完成奠定巩固的基础,确立正确的方向"③。

实现体制创新的全方位突破,还要做到对体制的全面创新、全面变革。在邓小平理论中,体制创新是一个系统的工程。他说:"改革是全面的改革,包括经济体制改革、政治体制改革和相应的其他各个领域的改革。"④ "我们提出改革时,就包括政治体制改革。现在经济体制改革每前进一步,都深深感到政治体制改革的必要性。不改革政治体制,就不能保障经济体制改革的成果,不能使经济体制改革继续前进,就会阻碍生产力的发展,

---

① 《邓小平文选》第2卷,第370页。
② 同上书,第333页。
③ 同上书,第342页。
④ 《邓小平文选》第3卷,第237页。

阻碍四个现代化的实现。"① 正是基于这样高瞻远瞩的战略判断,早在1980年邓小平就提出要注意研究改革党和国家的领导制度以及其他制度。"领导制度、组织制度问题更带有根本性、全局性、稳定性和长期性。这种制度问题,关系到党和国家是否改变颜色,必须引起全党的高度重视。"必须"从制度上保证党和国家政治生活的民主化、经济管理的民主化、整个社会生活的民主化"②。如果制度上不能解决这个问题,在相当长的时间,让"一个国家的命运建立在一两个人的声望上面,是很不健康的,是很危险的。不出事没问题,一出事就不可收拾"③。1987年邓小平进一步指出,领导班子存在的老化问题"是我们中国最特殊的问题"。我国实际存在着的领导职务终身制"是我们制度上的缺陷",真正在制度上解决这个问题,就要从政治体制改革的高度,制定领导班子新老交替的政策并实现程序制度化、法制化,使之不因个人的偏好而变更。改革开放到了今天,邓小平提出的问题更加直接地摆在了我们的面前。当代中国改革发展需要我们在经济体制方面进一步深化创新,更需要我们在政治体制方面稳步推进和创新。政治体制改革同经济体制改革应该相互依赖,相互配合。否则就会出现邓小平所说的现象:"只搞经济体制改革,不搞政治体制改革,经济体制改革也搞不通,因为首先遇到人的障碍。事情要人来做,你提倡放权,他那里收权,你有什么办法?从这个角度来讲,我们所有的改革最终能不能成功,还是决定于政治体制的改革。"④

实现体制创新的全方位突破,更要有大无畏的勇气与胆识。邓小平在首倡创立特区时,曾讲道"要杀出一条血路来"。之所以这样讲,是因为改革开放,体制创新,必然要对既定利益结构进行与时俱进、顺应历史潮流

---

① 《邓小平文选》第3卷,第176页。
② 《邓小平文选》第2卷,第336页。
③ 《邓小平文选》第3卷,第311页。
④ 同上书,第164页。

和民意的调整,必然会招致一些既得利益群体的反对。这一过程不仅不可能一帆风顺,还会有极其巨大的阻力和意想不到的波折。因此,改革会更困难,工作会更艰巨。我们绝不能有畏难情绪,必须拿出一往无前的勇气,通过制度体制创新,用好的制度来革除不好的制度,用好的制度环境来取代不好的制度环境,用好的制度变迁路径来替代不好的制度变迁路径,在体制创新方面取得重大进展,为改革发展的关键期,为改革开放的进一步深化提供科学、健康、规范、进步的制度保障。

◇二 实现改革的转型

如果说30多年来的中国,是改革推动了社会的转型;那么从今以后的中国,则是变化了的社会促使改革的转型。

(一) 必须直面改革

我们都在追求好的改革,这实在只是一种良好的愿望。其实改革只有适宜的改革,适应了当时的社会状况,适应了当时的社会诉求,也适应了当时的社会对代价的认可与容忍。这样的改革在当时的社会就会理所当然地被认为是好的改革。

从20世纪70年代末开始的改革,不论是"让一部分人先富起来",还是"以经济建设为中心",乃至后来社会主义市场经济的登场,其改革理念的着眼点就是承认并鼓励社会成员追求利益,并把这作为改革的动力。这一选择是明智的,也是有效的。

30多年来中国社会的所有进步及其成果都是对它最好的辩护与论证。不用说远超世界平均水平三倍之多的年均9.8%的经济增长率,在世界舞台上坐三看二的经济总量,将近全球外汇储备一半的2万亿美元,更不用说占世界1/4人口摆脱贫困、跨越温饱、实现小康这一事实。

但以利益为导向的改革,其理念绝非完美,其结果甚至难说正义。一个社会中的成员总是处于不同的社会区位,这是客观事实。但社会成员不同的起点、不同的身份、不同的地位必然导致追求利益过程中绩效的不同。邓小平当年特别强调先富起来要以"劳动和合法经营"。中国社会这些年改革过程中不是没有靠"劳动和合法经营"致富的个案,但通过其他方式和途径致富的恐怕更不少。

比如,通过权力获取利益就成了最为通行的方式。在制度尚不完善的中国社会,权力是追求利益最有效也最强大的手段。于是,握有权力者运用权力获得利益,没有权力者通过接近权力、依附权力、结盟权力从而也获得权力辐射的收益。中国社会改革中出现的民营经济无疑是市场经济中最有活力,也最体现市场经济本性的群体,可是"红顶商人""不找市场找市长"的权力寻租行为把他们的这种进步意义给完全淹没了。固然他们可能获得了财富的积累,但失去的恐怕更多,无论是对他们还是对中国社会的改革。

改革初衷是通过激发活力做大蛋糕以使得大家可以多分一点。这种想法不仅当初看一点错也没有,现在来看也很理性甚至很科学。但问题是后来,一些群体发现,无须费心尽力做大什么,只要掌握了分配的权力,在原有的蛋糕上多切一大块,同样很大,甚至更大。于是,当追求利益的行为恶性发展到一定程度,就会出现一些群体对另一些群体利益的侵占,出现一系列悖谬的现象:快速的城市化,出现了"失地农民",他们依然是农民但已经没有了土地;快速的城市建设,造就了"农民工",他们已经干的是工人的活,但身份依然是农民;快速的旧城改造,被拆迁户越来越走向城市的边缘,补偿款在原居住地买不到原住房一半甚至数十分之一面积的房屋。

为什么会出现这样的状况？改革过于强调对"利益的追求"，而忽视了对"权利的保障"。我们不反对一个群体追求自己利益的自由，但该行为应以不损害其他群体的权利为边界，尤其是不能以其他群体的权利为自己的利益渊源。越过这一边界就是不合法，就是不应该，就没有了正义。

这种问题之所以在改革初期不严重，一方面是问题的积累有一个过程；另一方面，社会进步导致权利意识的凸显也是不争的事实。30多年来的改革，改变了中国社会，经济体制深刻变革，社会结构深刻变动，利益格局深刻调整，思想观念深刻变化。社会大众已经知道自己的权利是什么，已经开始用自己的行动来维护自己的权利，技术的进步也为这种权利维护提供了有效的手段，可是，改革的制度安排没有跟得上，或者说改革的深层理念没有及时跟进，没有相应的制度、组织和行动去保障这些权利。于是出现了社会的冲突。日渐增多的群体性事件、突发事件、对抗事件乃至非理性暴力事件等都是这种社会冲突的不同程度的体现。

我们有些同志出于对改革的热爱，为改革辩护，把这些问题称为"伴随改革出现的，由于改革不完善、不深化导致的现象"，其实完全没有必要。当我们把巨大发展成就记在改革功劳簿上的时候，同样也要把代价与成本记录在案。无论，巨大的成绩也好，还是触目的代价也罢，都是这样一种改革选择的逻辑必然。

可是，30多年来的改革选择虽非完美，却是必然。没有对利益的大胆乃至赤裸裸的追逐，不可能打破当年的死气沉沉，不可能激发出社会大众内在的那种已经被压抑太久而不自知的发展欲望。在那时的背景下，不可能坐而论道，去设计什么有百利无一弊的蓝图。很多人把邓小平"摸着石头过河"看作无奈之举，笔者更愿意将其当作共产党人的无私与无畏。更何况不同时代对于成本与代价的理解不同，我们今天开始不能接受乃至完全不能接受的代价在当时的中国很可以忽略不计甚至是理所当然。

这就是为什么我们直至今天，依然不能忘记改革，更不能去否定改革。

（二）重新激发改革动力

十八大以来的中国改革不忘记过去，但也不再能重复昨日的故事。30多年的改革带给中国的活力不能湮灭，但需要规范；30多年的改革留给中国的财富不能流失，但需要共享。

怎么办？深化改革也好，改革转型也罢，还是改革改革。说法可以不同，指向其实就是一个，从今以后的改革必须适应社会的转型并进行相应的转型，从鼓励利益追求转向注重权利保障，在保障权利的前提下重新激发改革动力。

权利保障，首先要承认权利。公民神圣不可侵犯的权利必须承认，宪法法律赋予公民的权利更是必须认可。我们不能动辄以国家利益、人民利益的名义去取代、压制社会群体应该有的合法和基本利益，尤其是不能为了某一群体、某一范围的利益以国家和人民利益的名义去取代、压制别的社会群体应该有的合法和基本利益。甚至在某种意义上，我们捍卫"要改革""要发展"的权利，也要允许一些群体拥有"不改革""不发展"的权利。究竟是"要改革""要发展"好，还是"不改革""不发展"好，不要上纲上线，要允许讨论，允许观望。事实上在信息化时代想堵住人的嘴是一件很不容易的事情，我们不妨大大方方地让大家去争辩。这样的讨论还可以让"假改革""伪改革"现形，从而让真正的改革赢得认同，赢得实践。

权利保障，还要能协调权利。抽象谈权利是容易的，但要在实践中切实落实权利却不是很容易的。姑且不用说此前一些用强力去压制权利的问题，一些强势群体把自己的欲望、贪婪包装成所谓权利的问题。即使同样都是合理合法的不同权利之间，甚至于不同社会群体的同一权利的实现方式上，也有一个相互冲突的问题。该保障什么样的权利，该更多倾向于哪一个群体的权利,不能靠想当然,更不能无所作为,必须在更高的公共权利的层面上对不同权利做出协调,求得和谐。因为一些在社会上有力量、有技巧的群体的权利并不一定就是符合整个社会更高公共权利的,但他们往往会比社会上最大多数群体更会争取和更能争取权利。

权利保障,更要去扩展权利。权利是一个历史概念,随着社会的发展,社会公众的权利清单也在不断扩展。换句话说,社会越进步公民权利的内涵越丰富。改革必须要能在捍卫社会公民既有权利的同时又不断给社会公民拓展新的权利并捍卫之,而不能反过来,以改革的名义去削减权利、漠视权利。

当这样一种改革的理念成为改革选择时,中国社会各个领域的改革都将出现一种崭新的气象:

经济改革转型。社会主义市场经济体制的完善,不会再仅仅停留于一些形似的细枝末节制度设计,而会把重点放在夯实社会主义市场经济体制的基础上,比如培育平等的市场主体,保障公平的市场竞争环境;经济政策不再仅仅盯在保增长上,还要在调整结构、扩大内需、转变方式上下功夫;经济发展也不再只是为发展而发展,而是以人为本,为人民发展,更加注重民生实际。

政府改革转型。政府职能转变和行政管理体制改革将不断破题,政府不再是"经济建设型"的政府,不再需要也不鼓励甚至都不允许政府自己赤膊上阵搞经济,种了别人的地,荒了自己的田。微观层面的经济发展就让市场主体去做。政府在适当调节和必要监管之外,把更多精力放在社会管理与公共服务方面。比如,改革就业管理体制,扩大就业;改革分配体制,提高劳动收入占收入分配的比重;改革教育医疗社会保障体制,提高生活质量与水平;改革自身建设,增强行政执行力与行政效率等。所有这些改革都将逐渐深化。

某种程度上的政治体制改革转型。政治体制改革与经济体制改革有着很密切的相关性。伴随着经济体制改革的转型与深化，相应的政治体制改革势必跟进甚至前行。在发展社会主义民主政治的大目标下，政党总揽全局、协调各方的操作定位，公民有序政治参与的实现形式，宪法与法律权威的真正彰显，基层民主自治的拓展与纵深等方面，都将有进一步制度化、规范化、程序化的进展。

（三）改革转型的可能及实现

对未来中国改革的这种展望会不会是一厢情愿？会不会只是一种理论的乌托邦？

我们的回答是否定的。有三大因素支撑着这一判断：

第一，改革的自觉。在实践中没有好的改革，但并不等于没有对好的、更好的改革的向往与追求。我们决不要去低估中国改革的领导核心中国共产党对改革的真诚、对信仰的坚定和对中国社会的感情，我们更不要去低估中国社会大众对更好生活、更和谐社会、更科学发展的期待。所有这些加上中国社会对30多年来改革的清醒认识与反思，完全有可能形成新的改革共识，做出新的改革选择。历史经验告诉我们，当大家都想去做一件事情的时候，这件事情成功的可能性就出现了。

第二，社会的压力。一种行为模式不会主动退出历史的舞台，但是当这种行为模式已经不再管用，不再好用，甚至都不再能用的时候，就是想不退出也是不可能的。当越来越多的被拆迁者甚至不惜以身抵命的时候，这样的城市化还能进行下去吗？当越来越多的开胸验肺举动出现的时候，这样的劳资关系还能持续吗？当越来越多的宝马车成为不道德乃至罪恶符号的时候，这样的财富积累还能存续吗？有的同志担心，一些在既有改革过程中获得超额利益的群体不会甘心放弃既有的改革模式，这是事实；但这些群体固然不甘心，可更不糊涂。两害相权取其轻，一面是超额利益但雷区重重,一面是平均利益但可保平安持续,何去何从用不着我们多嘴他们就会做出正确选择。所以,当既有的改革选择面对社会越来越强大的压力,力不从心、引火烧身的时候,新的改革选择出现的基础就奠定了。

第三,危机的催化。我们很多同志害怕危机,不愿意面对危机。其实,在某种意义上,危机可以暴露矛盾,减少一些社会群体的不合理欲望,迫使以新的改革选择来解决问题。回顾历史,中国社会很多的进步是靠一些危机性事件推进的。2003年的非典危机开启了中国政治运行公开透明的序幕,孙志刚事件又促使废止了延续数十年的收容管理条例。这次全球性金融危机同样让我们意识到不仅既有的经济运行模式存在问题,既有的微观层面的体制框架乃至更广、更深层面上的制度安排都需要创新与突破。如果把握得当,这场金融危机完全可能成为中国改革转型的催化剂。

最后需要讲的是,改革从对"追求利益"到"权利保障"的转型,并不意味着否认利益在社会发展中的根本性作用。其实权利保障是追求利益在更高层面的实现,或者说"权利"就是一种利益,只不过这种利益内涵更为丰富、更为全面。

这也就是为什么尽管中国社会的改革在转型,但中国社会的改革依然是一脉相承的。

◇◇ 三 确立科学改革观

我们在进一步推进改革开放的过程中,要确立起科学的改革开放观。30多年的改革开放伟大实践让我们有资格总结并形成科学的改革开放观,30多年改革开放中出现的一些问题也提醒并要求我们要坚持科学的改革与开放。

科学的改革开放观应该包含什么样的内涵，回答什么样的问题，我们可以进一步探讨。但以下几个方面是不可或缺的，这些问题也是不能回避的。

（一）改革的价值指向要科学，改革必须为人民改革

改革本身并不是目的，改革本身也不能成为目的。改革者本人更不能因为自己是改革者而享受不被改革的豁免权。我们的改革只有一个指向，就是为了人民的利益而改革；我们的改革者只有一个使命，就是遵循人民的意愿而改革。在这里，人民群众绝对不是一个抽象的政治概念，而是实实在在的13亿全体中国人民。所以邓小平反复强调中国的改革是"要解决十亿人的贫困问题，十亿人的发展问题"。其着眼点始终是最大多数，绝对不是个别的群体、个别的集团和少数人。

为人民改革，我们一定要把人民"拥护不拥护""赞成不赞成""高兴不高兴""答应不答应"作为我们改革的出发点和归宿。让人民群众不仅成为改革发展的推动者、承担者，更要成为改革发展成果的拥有者、享有者，充分拥有和享有他们应该得到的和可以得到的利益。邓小平那著名的判断和衡量我们各项工作成败得失的"三个有利于"标准最终还是落脚于"是否有利于提高人民的生活水平"这样的价值指向上，中国共产党反复强调的"使发展的成果惠及全体人民"也是同样的指向。

为人民改革，还要"随时听取群众的呼声，了解群众的情绪"。邓小平曾明确提出："群众对生活方面的议论是相当多的，不要以为都是讲怪话"，"群众有气就要出，我们的办法就是使群众有出气的地方，有说话的地方"。[①] 这些论述，在当前改革发展的关键时期，尤其有着重要的指导意义。

---

① 《邓小平文选》第2卷，第27页。

群众为什么会有议论,群众为什么会有气,当我们真正找到了根源,并且真诚地去解决的时候,也就抓住了改革发展的突破口。

(二)改革的主体定位要科学,改革必须让人民改革

谁是改革的主体?人民群众。对于中国共产党人来说,这是一个不需要讨论的问题,相当于自然科学中的"公理"。我们党在理论上是这样讲的,在实践中也是这样做的。20世纪70年代末,安徽省凤阳县小岗村21户农民联合进行的家庭联产承包责任制拉开了中国改革的序幕。对此,邓小平评价说:"农村搞家庭联产承包,这个发明权是农民的。农村改革中的好多东西,都是基层创造出来的,我们把它拿来加工提高作为全国的指导。""改革中的许许多多的东西,都是由群众在实践中提出来的。"①

正因为广大农民是这场农村改革的真正主体,所以我们的农村改革不仅突飞猛进,进展顺利,而且成效显著。在短短几年的时间内,就从根本上解决了农民温饱的问题。在这一过程中,不仅广大农民的主动性、积极性、创造性得到了空前的发挥,而且为我们下一步改革积累了宝贵的经验,这就是只有充分调动改革主体的主动性和积极性,使改革主体接受并自觉参与改革,改革才能顺利推进。

但我们也不得不指出,在随后一些具体的改革过程中,改革的主体越来越模糊,广大群众在改革中的声音越来越微弱,改革目标的设定、改革方案的设计、改革措施的出台越来越经院化、越来越精英化、越来越小圈子化。无论是"减员增效"还是"转制重组",我们不否认这些做法的客观必要性,但就其实现过程中的具体做法是否真正考虑过最广大群众的眼前利益和长远利益,我们有理由质疑。当一方面是改革改出了上千万的下岗

① 《邓小平文选》第3卷,第382页。

职工、数千万的失地农民，另一方面却又在极短的时间之内产生出了近千万的百万富豪、超百万的千万乃至亿万富豪的时候，我们必须问一声，主导这样态势改革的主体究竟是谁？人民群众会自己把自己的饭碗给砸掉吗？会自己把自己安身立命的土地给丢掉吗？

如果改革仅仅是由少数人把持的，或者只有少数的"能人"与"精英"参与到改革过程中，那么这样的改革既不民主，也不公正，改革的结果只会对少数人有利，让广大的群众冷漠与质疑。这种改革只会导致贫富分化，群体冲突不断发生，最终是政府、官员、少数人与广大群众的对立日益加深，党和群众的信任关系遭到破坏，以至于撼动我们的执政基础。

在当代中国，改革的主体是也只能是最广大的人民群众。人民群众既是先进生产力和先进文化的创造主体，又是社会主义物质文明、政治文明和精神文明协调发展的推动者，还是实现自身利益、加快改革、深化改革的根本力量。邓小平指出："我相信，凡是符合最大多数人的根本利益，受到广大人民拥护的事情，不论前进的道路上还有多少困难，一定会得到成功。"[①] 只有真正以群众为主体，我们的改革才能真正深化、真正完善、真正突破，改革才能真正走上正路。

（三）改革的思维模式要科学，改革必须有辩证思维

我们不要怕对改革进行反思和质疑，当我们意识到改革中的一些做法不规范、不科学、不妥当的时候，正是深化改革、完善改革、促进改革的好机会。在改革问题上不能非此即彼。比如，对于前文所提到的改革中的效率与公平的抉择，我们就要有科学思维。

在社会迅速发展，社会群众政治意识和权利意识逐渐提升的情况下，

---

① 《邓小平文选》第 3 卷，第 142 页。

过于悬殊的贫富差距不仅不可能产生效率，反而会导致经济的停滞乃至社会的冲突，对此我们必须予以高度的重视。我们不仅要通过改革"把蛋糕做大"，但更通过改革"把蛋糕切公正"。

马克思曾经讲道："一座房子不管怎样小，在周围的房屋都是这样小的时候，它是能满足社会对住房的一切要求的。但是，一旦在这座小房子近旁耸立起一座宫殿，这座小房子缩成茅舍模样了。这时，狭小的房子证明它的居住者不能讲究或者只能有很低的要求；并且，不管小房子的规模怎样随着文明的进步而扩大起来，只要近旁的宫殿以同样的或更大的程度扩大起来，那座较小房子的居住者就会在那四壁之内越发觉得不舒适，越发不满意，越发感到受压抑。"① 并且指出产生这种心理感觉的原因是："我们的需要和享受是由社会产生的；因此，我们在衡量需要和享受时是以社会为尺度，而不是以满足它们的物品为尺度。因为我们的需要和享受具有社会性质，所以它们是相对的。"② 对于最大多数的群众来说，改革开放所带来的利益增进就好像是"小房子"，虽有渐进的改善，但永远无法与既得利益集团的"宫殿"相比。如无改变，长此以往，这种"不舒适""不满意""受压抑"将直接导致改革与政治的合法性危机。

科学的改革并不是对追求效率本身提出质疑，而是对这些年来在"效率优先"的口号下出现的结果提出质疑。把握当代中国发展的阶段性特征，我们可以看出，在构建和谐社会的阶段，效率与公平这对矛盾的地位与关系已经发生了转换。邓小平曾在 1992 年指出，对于贫富差距，"什么时候突出地提出和解决这个问题，在什么基础上提出和解决这个问题，要研究。可以设想，在本世纪末达到小康水平的时候，就要突出地提出和解决这个问题"。"世易时移，变法宜矣。"更加注重社会公平，是在处于"矛盾凸显期"的中国切实实现效率的唯一选择。只有这样我们才会得到真正的效率，

---

① 《马克思恩格斯选集》第 1 卷，人民出版社 1995 年版，第 349 页。

② 同上。

也才会实现又快又好的发展。

(四) 改革的路径选择要科学，改革必须要规范彻底

对于改革路径与改革的关系问题一定要辩证看待，我们绝不能因为改革中的一些具体行为存在问题，就借题发挥否定改革的目标与改革方向；同样不能因为改革目标与方向的正确，就忽视甚至回避在改革的一些具体路径和具体行为中的问题。

建立社会主义市场经济体制，实行社会主义市场经济是我们改革的大方向。这一点确实不容动摇，也不容怀疑。我们要毫不动摇地坚持改革方向，进一步坚定改革的决心和信心，不断完善社会主义市场经济体制，充分发挥市场在资源配置中的基础性作用，同时努力加强和改善宏观调控，保证经济社会又快又好发展。现在的问题是我们的很多改革路径是"半吊子""假招数"，新瓶装旧酒，既不彻底，更不规范。像一方面以资源配置市场化为名，让市场配置资源成为权力变现的捷径；另一方面又以市场配置资源为借口，推卸在公共服务方面的责任与义务。

此外，注重提高改革决策的科学性，增强改革措施的协调性，使改革兼顾各方面利益、照顾各方面关切，才会真正得到广大人民群众的拥护和支持。改革绝不仅仅意味着对改革前的所作所为的改革，同样意味着对改革本身一些做法的再改革。我们要本着深化改革、完善改革、促进改革的要求，自觉纠正改革中出现的一些不规范、不科学、不妥当的做法，把做错的改正过来、做得不科学的科学起来、做得不规范的规范起来。这是保障我国下一步改革开放深入进行应该也必须坚持的态度。

◇四 聚合改革正能量

贯彻中国共产党十八届三中全会的部署，中共中央已经成立了全面深化改革领导小组，各省、市、自治区和相关部委的全面深化改革领导小组也在相继成立的过程中。在中国改革再出发的新阶段，设立改革领导小组对于更好发挥党总揽全局、协调各方的领导核心作用，保证改革顺利推进和各项改革任务落实具有十分重大的意义，尤其是在强化改革责任担当、进行改革顶层设计、突破改革利益固化等方面让中国社会更加充满期待。

（一）蹄疾步稳，改革要有担当

改革开放是我们党在新的历史条件下带领人民进行的新的伟大革命。这场伟大革命，从党的十一届三中全会到现在，走过了37年极不平凡的历程。但是我们也应该看到，伴随着对改革红利的分享，一些社会群体开始有了小富即安、不思进取的心态；伴随着改革进入深水区和攻坚期，畏难情绪悲观论调在一些社会群体心中潜滋暗长。于是，改革热情在消减，改革动力在衰竭，改革行动在弱化。

但是，改革开放是当代中国发展进步的活力之源，是党和人民事业大踏步赶上时代的重要法宝，是坚持和发展中国特色社会主义的必由之路。习近平总书记多次强调，改革开放只有进行时没有完成时。只是推进改革不能仅仅停留于话语宣示，我们要真正做到改革不停顿、开放不止步，就需要为中国的改革重塑责任主体，再建责任担当，设立全面深化改革领导小组正是这样一项制度安排。因此，改革领导小组首要的任务就是习近平总书记所讲的，让中国的改革做到"蹄疾而步稳"。

"蹄疾"，就是要加快中国改革的步伐。有道是，中流行舟，不进则退。当下中国的改革正处于这样的历史节点。我们的各项改革都已经铺开，各种改革成本也已经沉没，各种矛盾问题和压力已经形成强大的倒逼机制。在这样的背景下，改革不仅不能停下来，就是慢下来都会造成巨大浪费甚至引发重大问题。习近平总书记讲："提出改革举措当然要慎重，要反复研究、反复论证，但也不能因此就谨小慎微、裹足不前，什么也不敢干、不敢试。"① 因此，中国的改革不仅不能停下来，还要动起来、快起来，马不停蹄，看准了的事情，就要拿出政治勇气来，坚定不移地干。同时，中国的改革不能只是少数人干的事，还要全社会各个群体都行动起来，改革领导小组就是要为中国改革快马再加一鞭，要为中国改革再进发勇担重任。

　　"步稳"，讲的是中国改革的节奏。改革说到底就是对既有体制机制的一种改变，对既有利益格局与状态的一种打破，让不好变得更好，让没效率变得更有效率，让不满意变得更满意。当然，所有这一切都有一个前提，就是要着眼于全社会、着眼于最广大人民群众的利益，要以人民高兴不高兴、人民满意不满意为出发点和落脚点。但这些年来，在我们的改革实践中，也客观存在一种现象，这就是一些人、一些群体打着改革的旗号为了自己小圈子、小群体的利益，进行各种各样的所谓"改革"。这样的"改革"不仅影响了中国改革的总体布局，扰乱了中国改革的整体节奏，甚至还严重损害了改革在人民群众中的形象。改革固然要敢想敢干、敢闯敢拼，正如习近平总书记所指出的"只要经过了充分论证和评估，只要是符合实际、必须做的，该干的还是要大胆干"，② 但不能乱折腾。经验教训告诉我们，有些时候为了纠正弥补一些改革乱作为，其成本之巨大、困难之严重甚至远远超过推进改革本身。

---

　　① 习近平：《关于〈中共中央关于全面深化改革若干重大问题的决定〉的说明》，《人民日报》2013年11月16日。

　　② 同上。

从更广的视野看,"步稳"的内涵更为丰富。"步稳"首先是"正确性",我们要正确推进改革,坚持改革的正确方向与立场,要坚持社会主义制度自我完善和发展,不能南辕北辙,不能犯颠覆性错误;"步稳"还要讲"准确性",我们要准确推进改革,认真执行中央要求,不要事情还没弄明白就盲目推进;"步稳"离不开"有序性",我们要有序推进改革,该中央统一部署的不要抢跑,该尽早推进的不要拖沓,该试点的不要仓促推开,该深入研究后再推进的不要急于求成,该得到法律授权的不要超前推进。只有这样,中国的改革才会一步一个脚印、稳扎稳打地向前走,积小胜为大胜,积跬步至千里。

(二) 全面深化,改革需要统筹

如果说37年来的中国,是改革推动了社会的转型;那么从今以后的中国,则是变化了的社会促使改革的转型。过去习以为常、行之有效的改革举措可能不仅不再管用,甚至还会带来负面效果。中国社会的改革要从单兵突进走向全面改革,从外围切入走向深化改革,从拿来走向创新。

全面深化改革是一个复杂的系统工程,单靠某一个或某几个部门往往力不从心,这就需要建立更高层面的领导机制进行协调统筹与顶层设计,这也是全面深化改革领导小组最主要的任务。

抓统筹就是既抓住重点也抓好面上,既抓好当前也抓好长远,处理好重大关系,统筹考虑战略、战役、战斗层面的问题,做好政策统筹、方案统筹、力量统筹、进度统筹工作。习近平总书记在省部级主要领导干部学习贯彻十八届三中全会精神、全面深化改革专题研讨班开班式的重要讲话中指出的"要弄清楚整体政策安排与某一具体政策的关系、系统政策链条与某一政策环节的关系、政策顶层设计与政策分层对接的关系、政策统一性与政策差异性的关系、长期性政策与阶段性政策的关系,既不能以局部代替整体,又不能以整体代替局部,既不能以灵活性损害原则性,又不能以原则性束缚灵活性",就是改革领导小组在统筹改革过程中一定要处理好的一些重大关系。

当然,要真正搞好统筹,对改革进行顶层设计是基础性工作。全面深化改革领导小组需要加强顶层设计和整体谋划,加强各项改革的关联性、系统性、可行性研究。"不谋全局者,不足谋一域。"经济、政治、文化、社会、生态文明各领域改革和党的建设改革紧密联系、相互交融,任何一个领域的改革都会牵动其他领域,同时也需要其他领域改革密切配合。如果各领域改革不配套,各方面改革措施相互牵扯,全面深化改革就很难推进下去,即使勉强推进,效果也会大打折扣。向前展望、超前思维、提前谋局。这样的顶层设计才能真正符合党和人民事业发展要求。顶层设计既包括总体部署,又涵盖具体方案。对于改革领导小组来说,全面深化改革总体部署已经有了,这就是党的十八届三中全会所做出的战略部署,现在需要抓紧出台的是施工方案,要通过施工方案推进各项改革举措落地。中央全面深化改革领导小组下设经济体制和生态文明体制改革、民主法制领域改革、文化体制改革、社会体制改革、党的建设制度改革、纪律检查体制改革六个专项小组,就是要在这六个方面先拿出科学规范、说得通做得到的工作方案。

但是,需要注意的是,不能把顶层设计片面理解为"方案设计"。顶层设计不能是秀才们在办公室、会议室里闭门造车拿出什么一揽子计划、终极方案,然后发一道红头文件要求全国各地照此改革,这样的行为是要出大问题的,这样的思维是要犯大错误的。尤其是现在一些人提出的一些改革方案不是从教科书上照抄下来就是从外国人那里照搬过来,这样的设计不仅与中国火热鲜活的改革实际相差千万里,还可能把中国的改革引到歧路上。

我们的改革从计划经济走向市场经济,就是看到在鲜活的实践面前,任何"计划"都是苍白无力的,市场经济最神奇也最让人敬畏的地方就是市场中各怀心事的主体通过自发的博弈与磨合而各得其所。我们不能用"计划"的思维来进行"市场"的实践,不能用计划经济的手段搞市场经济的改革,不能在改革走了30多年之后又退回到了原来的路上,对所谓完美、超然、成熟改革方案的信奉与膜拜实在是典型的计划思维,指望用一套方案通吃改革、打遍天下更是南辕北辙,缘木求鱼。

更何况从中国改革的历史看,真正管用的改革方略和真正靠得住的制度,像中国农村改革家庭联产承包责任制是在小岗村的田野里长出来的,不是在办公室里鼓捣出来的;从南海边上小渔村变成国际大都市的特区深圳,也是自己大胆地试、大胆地闯,杀出一条血路,并不是对会议室里所谓规划的照猫画虎。这也就是为什么习近平总书记强调"摸着石头过河和加强顶层设计是辩证统一的"。我们推进局部的阶段性改革开放要在加强顶层设计的前提下进行,加强顶层设计要在推进局部的阶段性改革开放的基础上来谋划。

(三) 攻坚克难,改革需要权威

中国需要改革,中国的改革又很难,中国改革难在何处?现在大家越来越有共识了,这就是一些既得的利益群体在阻碍改革。只有打破这一利益固化的藩篱,中国社会的改革才可能有真正的突破和崭新的局面。但这并不是一件容易的事情,因为这一障碍可能就来自我们自己。

习近平总书记在做十八届三中全会决定说明的时候,曾讲过一句话,改革"障碍往往不是来自体制外而是来自体制内"。这句话的意味是很深长的。改革30多年来我们的一些党员干部以敢为人先的勇气率先改革,做改革的决策者、推动者、参与者、实践者,所有这些都不假。但在这一过程中也不可避免地近水楼台先得月,获得了不少实实在在的利益甚至是比普通群众要多不少的利益。经过这么多年的固化已经习以为常和不自觉了。但很明显这种利益格局既不公平正义又不可持续,可是正如李克强总理所说的"触动利益要比触动灵魂还难"。要想打破这一格局,没有一个高居各方之上既有权威又相对超然的机构就很难看清各种利益固化的症结所在,很难找准突破的方向和着力点,很难拿出创造性的改革举措。这也就是中央全面深化改革领导小组要以中共中央总书记、国家主席、中央军委主席习近平领衔担纲组长,三个中共中央政治局常委包括国务院总理李克强和刘云山、张高丽担纲副组长的这样一个"豪华阵容"的意图所在。现在各省、市、自治区和相关部委的改革领导小组也类似地以党政主要负责同志坐镇指挥,同样是上行下效,以期一以贯之,以期令行禁止。

有了这样的权威,全面深化改革领导小组就可以跳出条条框框的限制,克服部门利益掣肘,立足国家整体利益、根本利益、长远利益研究和提出改革举措,进行改革部署,可以强有力地纠正一些地方和一些群体合意则取、不合意则舍的改革倾向,可以从根本上破除妨碍改革发展的思维定式。

最后需要讲的一点是,利益固化的藩篱并不是抽象的,对当下中国来说,这一藩篱与既有的工作格局、部门体制、运行方式有着千丝万缕的联系。要打破利益固化的藩篱,就要在这些方面有所作为。习近平总书记讲,搞改革,现有的工作格局和体制运行不可能一点都不打破。这就意味着部门的整合、规则的调整、人员的进退等同样是全面深化改革领导小组不容回避的课题,而且这一课题的破解又可以为更进一步的全面深化改革打下坚实的基础。

◇◇五 政治体制改革的中国道路

对当代中国社会来说,政治体制不是改不改的问题,经济社会的变化当然会对政治发展提出协同性要求；也不是想不想改的问题，重视通过政治体制改革为经济体制改革开路是中国共产党一以贯之的立场和态度。关于这一点，在其自改革以来的历届大会政治报告中清晰可见。尽管关于中国政治体制改革的讨论见仁见智，众说纷纭，政治体制的真问题始终是如何通过改革既使中国社会的基本政治制度得到巩固和完善，又卓有成效地消除附着于基本制度肌体上一些不合时宜、不文明进步的体制机制。但是，要做到这一点是很不易的，所以中国社会需要通过开辟一条政治体制改革的中国道路，既推进改革的进行，又为自己的改革提供合法性证明。

（一）经济基础的变迁与上层建筑的跟进

在体制改革的问题上，中国共产党一直坚持"使上层建筑更加适应经济基础发展变化"的论断，这是马克思主义哲学中历史唯物主义关于社会发展最基本的观点。要在社会发展的过程中实践这一要求，需要对中国社会经济基础的变化做出准确判断，对上层建筑是否适应经济基础进行客观评估，对现实社会中经济基础与上层建筑之间错综复杂的关系给予认真梳理，然后建设性地勾画出上层建筑变革的可能路径。

1. 经济基础的变化

一个社会的经济基础主要是指该社会的生产关系、生产方式及其经济运行方式。经过30多年的发展，中国社会的经济基础在以下一些方面发生了根本性的变化：

——生产资料的所有制形式发生了变化。改革开放前的中国社会是以全民所有制和集体所有制为主要形式的社会主义公有制一统天下。其他所有制形式经过社会主义的改造不仅实已亡，甚至名都不存了。就算还有一些非公性的残余，也基本上不再具有所有制的性质与地位。但是20世纪80

年代以来，中国社会的非公经济以个体、私营等形式重新出现了，它们的地位从"必要补充"到"重要组成"迅速提升，在中国共产党的十五大上甚至把"公有制为主体、多种所有制经济共同发展"作为基本经济制度，在十六大上更进一步提出"毫不动摇地鼓励、支持和引导非公有制经济发展"。时至今日，以现代产权制度为基础的混合所有制经济越来越普遍，非公经济的比重在全国范围内已经接近半壁江山，在东部一些省份已经三分天下有其二甚至更高。

——社会经济运行模式发生了变化。改革开放前的中国社会，计划经济主导整个社会全部的经济运行，中央政府的计划像一张巨大而无所不包的网遍及所有的微观经济主体。企业不存在真正意义上的企业家，工厂的厂长其实就是一个车间主任，让你生产螺丝钉你不能生产螺丝帽；农村在人民公社的组织下，让你种玉米你不能种小麦。改革以来，经过有计划的商品经济、"双轨制"、社会主义商品经济，到十四大市场经济名正言顺登上了中国的经济舞台，市场开始在国家宏观调控下对资源配置起基础性作用，在十八届三中全会后，更是被提升为"决定性作用"，资本、劳动力、技术等生产要素市场也越来越活跃并发挥作用，现代市场体系逐渐形成。有些方面甚至出现了过度市场化现象。

——社会分配形式发生了变化。改革开放前的中国社会按劳分配是唯一合法也是唯一在实施的分配方式，人与人之间的关系是建立在劳动基础上的平等关系，多劳多得、不劳动者不得食是社会主义社会理所当然的事情，否则就是剥削。但改革以来，事情在发生变化。不仅劳动可以参加分配，资本、技术和管理等生产要素也可以按贡献参与分配，按劳分配为主体、多种分配方式并存成为了基本的分配制度。甚至在某些时候、某些场合劳动在分配中占的比重逐渐下降，连最低工资制都很难得到保障。

经济基础会为自己的发展开辟道路，"随着经济基础的变更，全部庞大的上层建筑也或慢或快地发生变革"。这是马克思主义的基本观点，也是社会发展的基本规律。中国社会的上层建筑当然要随着经济基础的变化改变自己。

2. 上层建筑的适应与不适应

上层建筑是指耸立在经济基础之上的政治、法律、意识形态等制度性的内容。与中国社会经济基础的巨大变化相比，上层建筑的改变不能说缓慢、滞后，但确实有着相当的不适应，这种不适应以各种细节体现在社会发展的各个方面：

——权力越位不被制约。在市场经济的背景下，权力必须有清晰的边界，有所不为有所必为。但在现实生活中，权力依然凌驾于一切之上。权力错位，政府不去提供公共服务而是沉湎于追逐GDP，整天只管招商引资不计其他，为了有钱花自己赤膊上阵亲自去搞经济建设与民争利；权力放纵，各个权力部门以审批炫耀权力，不仅不去削减审批内容反而想方设法增加项目，实在不能审批就变相搞评比达标；权大于法，市场经济是法治经济，可是虽然制定的法律越来越多，但往往敌不过红头文件，甚至一张半指宽的领导批条，打官司不找法官找书记的现象见怪不怪。

——权利漠视不被保障。上层建筑在保障市场经济中各主体平等权利方面严重缺位，该保障的权利没有被保障，只能让市场主体自己想办法。比如，由于企业家按照市场经济要求平等经营的权利缺失，只能在非经济领域补偿，所以民营企业家"不找市场找市长"，甚至于到最后"不找市长要当市长"，企业家关心的不是经济运行而是政治背景，总想为自己戴顶红帽子。又比如，某些时候权利的格局甚至变成了"赢家通吃""马太效应"。劳动者的权利被忽视，资本的势力无度膨胀，社会贫富差距到了惊人的地步。一方面是成千上万套的房子被当作投资乃至投机品闲置起来，另一方面是普通民众面对畸高的房价一屋难求、望楼兴叹。

——意识形态日渐衰微。"人们的社会存在决定人们的意识。"多样的所有制形态，多变的市场经济导致社会公众思想活动的独立性、选择性、差异性明显增强，思想意识呈现多样、多元、多变的特征。但是主流意识形态在既坚守根本不动摇又顺应变化有弹性方面准备不足，对必须坚持的根本不能赋予鲜活的时代形式，对必须反对的又没有切中要害的批判，结果管到的地方是僵硬死板，可谓鸦雀无声；管不到的地方则毫无作为，形成价值真空。

当然，我们不能因此说上层建筑完全不适应经济基础，这是不客观的。中国社会这些年来有如此快的发展，经济基础有如此深入的变革，没有上层建筑在相当程度上的跟进与配合，这一切都是不可想象的。

3. 适应的可能与困难及实现途径

如果说上层建筑的变化没有及时跟上经济基础的变化，问题倒也不大，毕竟上层建筑的变化有一定的滞后性，慢慢跟上就是了。问题是在今日的中国社会，上层建筑对经济基础的反作用真是起了"反作用"。这就是既有上层建筑中的体制惯性与新的经济基础中的不健康因素开始"结盟"，结果使得经济基础与上层建筑皆发生异化。这在社会主义市场经济体制建立过程中体现得尤其典型。

"社会主义市场经济体制"的提出，使中国社会充满期待，认为在市场经济前面加上"社会主义"是画龙点睛，既可以把市场经济的好东西拿过来，又可以避免市场经济的一些固有缺陷。但在20多年来的市场经济体制实践过程中，这一期待并没有完全实现，甚至在很多层面出现了比较严重的权钱交易现象，用一位经济学者的话讲，出现"权贵资本主义"的苗头。握有权力的部门与群体运用权力到市场中去获取不应得利益，又以市场经济为借口逃避应该承担的社会保障和公共服务责任；市场主体不通过市场进行经济活动的公平竞争，而是通过权力寻租获取非市场超额利润。这种状况甚至从经济领域进入社会政治领域，权力与金钱结盟，政治与经济交易，社会结构出现固化，社会阶层不再流动。当官的孩子继续当官是为"官二代"，富家的子弟就是富豪所谓"富二代"，而普通家庭的后代就算奋斗18年也未必能跟他们一块喝杯咖啡；现在大学生毕业找工作不是靠能力而是拼背景、拼关系、"拼爹"，普通家庭的大学生毕业就基本上等于失业。

我们不用去回避社会公众提出的这些质疑，这些年来经济基础与上层建筑之间错综复杂的关系甚至远比已经被大家意识到的还要多，还要严重。

所以，今日中国社会问题的关键是，我们推进的上层建筑的适应究竟应该是怎样一种适应，此"适应"非彼"结盟"。为了在实践中能名副其实，我们首先要在理论上讲清楚。这就是中国社会的上层建筑要沿着经济基础发展的同一方向加速作用，推动社会生产力的发展是它的根本使命。此外，由于社会主义社会的性质使然，中国社会的上层建筑甚至还应该有更高的要求，还应该在促进社会主义迈向更高阶段，实现社会公平正义方面发挥更大的作用。当做到这些的时候，我们就可以说，中国社会的上层建筑适应了经济基础的变化发展。

（二）政治体制改革的四大动力

在当人们为中国政治体制改革争论得喋喋不休的同时，中国社会的政治体制改革正以自己的力量悄然前行。我们关注这些力量、呵护这些力量、导引这些力量，对于中国社会政改健康快速前行的意义与价值远远大过那些不知所云的训导之语和言不由衷的溢美之词。

1. 阶层分化奠定了民主的基石

民主恐怕是政改最为重要的目标了，很多时候民主与政改就是合二为一的。虽然不同的群体对民主的理解各不相同，甚至有些时候可谓大相径庭，但是并不妨碍大家都在自己的意义上使用民主而探讨得热热闹闹。但中国社会的民主真是在大家的探讨中进步的吗？

答案可能并不尽然。

中国社会这些年来，甚至在更长时间段上，从来没有间断过对民主的追求，社会公众是如此，执政者同样如此。我们要在政治家的讲话中发现一篇没有出现"民主"一词的还真不是一件容易的事情。

但中国社会的民主进程并不像我们所期望的那样快、那样好、那样到位。是中国社会不够真诚吗？

答案同样是否定的。

民主的出现、扩展、壮大是有条件的，是需要社会基础的。当社会基础不具备的时候，民主就只能停留于话语中。民主的社会基础就是社会阶层的分化与阶层意识的凸显。

传统中国的社会结构是所谓的"两个阶级，一个阶层"，也就是工人阶级、农民阶级和知识分子阶层，而知识分子是工人阶级的一部分，所以中国社会群体其实就是两大阶级。除了这两大阶级，在政治上不承认有其他的社会群体存在。而在计划经济的背景下，这两大阶级的利益基本上是同一的，出台一个政策有利于两大阶级就是有利于全社会。执政党只要把这两大阶级的利益保护好、实现好，就赢得了全社会的支持。所以，"清一色"的社会，团结是主旋律、统一是主基调。单一的社会结构让民主无用武之地，也就无立足之处了。

有人对中国共产党过去"替民做主"而又很得民众拥护的现象很不理解，认为中国的老百姓没有"个性"。其实在那样的社会结构背景下，"替民做主"与"让民做主"的结果并没有多大的差别，就算有差别也只是毫厘之差。

但是进入现代社会，这一差别就呈现千里之别了。

中国社会这些年来，社会结构不断变化，新的社会阶层和利益群体不断涌现。不同的阶层和利益群体有着不同的获取其利益的途径与方式，这些途径与方式固不必然是对立与冲突的，也不全然是一致和互补的。很多时候某一群体的某种利益的实现是以其他群体的另一种利益的丧失为前提的。这个时候指望让一个主体代表大家，让一个大家长来安排利益分配在理论上讲不通，在实践中也不可能做到。就算真诚地、没有杂念地想去"替民做主"，也已经没有这样的能力、没有这样的气候去"替民做主"，只能"让民做主"了。

于是，不同的阶层与群体都把自己的利益诉求提出来，相互协商、相互交易，你来我往、讨价还价，在尊重少数的基础上接受大多数的选择。民主就这样开始出现、滋长了。甚至就算我们还要有个大家长，但这个大家长在这样的社会结构背景下也不得不花大量的时间、做大量的工作去找各个阶层集思广益。而这集思广益的协商过程也就是民主在发挥作用的过程。

所以，今日中国社会民主进程的快与慢、深与浅，其实是与中国社会的阶层分化态势相同步、相呼应的。社会分化越深刻，民主发展越充分。

2. 科技进步让权力不再能独断

权力不受制约是最受中国社会抨击的问题，也是政改必须首先面对的拦路虎。

权力之所以不受制约是因为拥有权力者不愿意被制约，权力之所以能不被制约是因为没有能与权力相抗衡的现实力量。

于是，拥有权力者通过权力为自己获得额外的、不正当的、不应该的利益。权力在暗箱里操作，权力在潜规则中获利，成为感觉很好的一件事情。适逢当下的中国正处于社会转型期，制度的空白、秩序的混乱，更是让权力的肆无忌惮、为所欲为有了肥沃的土壤。

但是近些年来我们也渐渐发现在一些权力无所顾忌的同时，也有一种态势在潜滋暗长，就是一些握有权力的人开始哀叹"官越来越不好当了"，开始抱怨"权越来越不好使了",一些过分的权力独断行为开始有所收敛。

是握有权力者良心发现主动限权、自我约束吗?我们希望如此,但真相恐怕并非如此。

那么真相究竟是什么?一定程度上是现代科技进步的结晶互联网所导致的不得不。

在过去的时代背景下,权力独断谋私,甚至做了违规越理犯法的事情,也很容易掩盖起来,就算偶被泄露也不可能大面积扩散,知道的人不多,拖上一段时间也就不了了之了。

但是进入信息时代,有了互联网之后,这样的美梦就做不成了。

在网络中,空间彻底消失了,边界不复存在了,地位、身份、层级不再具有实际意义,无论咫尺还是天涯,无论是有权的官还是无权的民,都可以无障碍地出现在同一个平台中。信息可以方便地获取,信息也能迅即地传播。互联网上一个帖子,在刹那间将信息传送给成千上万乃至上亿的人。

前段时间,一个地方法院院长运用手中的权力在法院内部为自己身体有障碍的孩子谋了份铁饭碗的工作。这在过去的社会可能是一件再正常不过的事情了,但在互联网普及的背景下,弄巧成拙,不仅孩子的工作没戏,他自己的职位都险些丢失。

这样开放的技术状态直接导致相应开放的社会状态,公开、透明日渐成为当代中国社会的主要特征,也成了权力运行的最基本要求。任何权力的行使都不得不在公开、透明的情况下进行,而结果又不得不直接接受社会大众的评判与检验。

更重要的是,互联网不仅仅有信息传播的功能,还有很强大的组织动员功能。而这一点对于权力的滥用是更为致命的。

在过去的时代,尽管中国社会从宪法到各种专门法,对社会大众的政治参与和制约权力都给予了充分的鼓励与保障,但大众从理论上可以制约到现实中真正能制约之间还有相当的距离，这一距离主要不是来自政治的约束与限制，而是来自手段的不足与缺乏。某一社会个体即使有很好的想法、有极其迫切的要求，但其诉求与想法如何表达出来为社会、为大众、为政治组织所知道、所了解，并不是一件容易的事情。即使想方设法表达出来了，由于传播手段的制约，也很有可能只是为少数人、小范围所了解，很难在较大范围内产生较大影响。但在以网络普及为主要标志的信息时代，这一情形有了根本性的转变。任何人、任何群体、任何组织，只要他愿意，都可以通过网络来表达他的要求、传播他的理念、贡献他的意见，并且通过网络寻找志同道合的赞同者与支持者，跨区域甚至跨国界地形成看似虚拟但又能实实在在地在政治发展中起作用的组织与团体，对现实政治生活中的权力行为产生影响。

面对公众零散的批评，权力可以不屑一顾，阳奉阴违；但面对互联网强大的传播与组织功能，权力还敢再为所欲为、搞小动作吗？

3. 社会转型使得法治成为必须

我们现在常说，中国 30 多年来的发展走过了国际社会上百年甚至几百年的历程。把几百年的变化压缩在几十年内，这样的社会状态怎能不是惊天动地、翻天覆地、改天换地？

社会状态变化了，治理社会的方式当然也要变化。

过去一些西方人士习惯地说传统的中国社会是一个人治的社会，法治意识缺失。做出这个判断的时候不免有些高傲的鄙夷或者是善意的惋惜：在没有法治的社会中生活的中国人多么可怜啊。但让西方人很不理解的是，这种状况在传统的中国社会并没有感到有多么的不适，也没有表现为多么的不文明。

传统的中国社会以农业为主要产业形态，又处于严格的计划经济运行模式之下，一切事情都是有计划、有安排、井井有条，可谓超稳定社会；

传统的中国社会严格的城乡二元分割的户籍制度，人口基本上不流动也不鼓励流动，绝大多数家庭生活自给自足，形成一个相对封闭的社会；传统的中国社会在农村是大家族集聚而居，在城市是街坊邻里居住在大杂院，工人是黑发进厂白发退休，一颗螺丝钉数十年不挪窝，人与人之间抬头不见低头见，典型的熟人社会。

在这样的社会状态下，老祖宗就是权威，人情就是道理，脸面就是契约。西方社会用法律解决的问题中国社会用情理全能搞定。而且这样的结果不仅大家接受、服气，还有一种法律绝不会有的脉脉情意在里面，让人觉得温暖。

但现在，社会状态变化了。

——市场经济改变了社会群体生活的轨迹，也改变了行为的模式。市场竞争如白云苍狗变幻莫测，市场交易者各怀心事，朝三暮四；越来越庞大的社会系统、越来越复杂的人际关系网络、越来越微妙的利益格局，说不定哪个环节在哪个时候就会出问题。人与人之间越来越不确定了，昔日的旧船票已经登不上今日的客船了。

——接近2亿的庞大流动人口在中国大地上四处谋生，对门的房客今天可能还是妙龄美女，明天就换成了风流帅哥；在一块工作同事的名字还没有叫全，就已经跳槽了；整天与自己交往最多，影响最大、利害最紧要的不是有血缘关系、有感情的亲朋好友，而往往是萍水相逢的一面之交。人与人之间越来越陌生了，你的老祖宗跟我有什么关系？

——远在大洋彼岸的美国小孩儿穿的是中国做的耐克运动鞋，在地震中被埋三天后救出来的中国小孩儿第一句话是要喝可乐，"冰镇的"；过去夫妻离婚是一件需要悄悄进行不好意思见人的事情，在今日的社会可以为了财产大闹公堂，甚至不惜抛头露面上电视台做节目以寻求支持。社会越来越开放，不仅拆了屋顶，连墙壁也没有了。

新的社会状态需要新的运行模式，新的社会状态也产生新的运行模式。

不确定的社会什么最确定？法治。法治可以让社会群体在不确定中找到确定，可以对没有做过的事情做出稳定的预期。

陌生的社会什么最权威？还是法治。法治可以让互不熟悉的人之间产生信任与合作。通过法律中介，人与人之间的合作变成了人与合同、人与契约的合作。

开放的社会什么最靠得住？仍然是法治。不同的国度文化不同、不同的人群价值不同，但一个法治之同可以把所有这些不同聚合起来。

既然这样的社会状态已经是中国社会的大势所趋，法治在中国社会当然也会越发凸显。

当然，法治在中国社会刚刚起步，难免矫枉过正，难免遭遇"搭便车"。比如，今天中国社会的老百姓好打官司了，动不动为了一点儿鸡毛蒜皮的小事，就说我到法院去告你，"好讼"苗头见长；又比如，一些部门热衷于立法，想方设法把专门法变成"部门法"，纯属为部门利益看家护院。但我们不妨从乐观的方面看，当他们意识到需要用法律来为自己辩护、不再无所顾忌的时候，不正表明他们已经潜意识地认可了法律的权威，这不正是法治取得的胜利吗？虽然只是第一步。

所以，当越来越多的老百姓开始对簿公堂，当越来越多的问题被立法的时候，我们还用得着对中国社会法治的前途担忧吗？

4. 新期待不断拓展权利的清单

也许天赋人权不假，但人的权利绝不仅仅是上天既定的，而是随着社会的发展不断丰富、不断充实、不断实现的。

不同的社会发展阶段有不同的权利内容，在过去时代属于乌托邦的内容在今日社会可能已经成为权利的底线。

在30多年前的中国，吃饱肚子是中国社会需要下大力气去给群众保障的重要权利。但在今日的中国社会，群众对权利的期望已经不再仅仅是物质的温饱。因为，这一权利在中国社会已经完成，而且完成得很漂亮，中国已经摆脱贫困、跨越温饱，向全面小康社会迈进。

今天的中国老百姓更关心的是经济小康之后的政治小康、文化小康，要求社会主义民主大进步，要求社会主义文化大繁荣，要过上"更加幸福、更有尊严"的生活，要生活在"更加公正、更加和谐"的社会中。中国共产党在十七大上称之为"人民群众的新期待"。其实，这新期待就是对权利的呼唤。社会民众每一个新期待的提出，都意味着中国社会的权利清单又加长了一页。

而且这权利清单列出来了，就必须兑现。不兑现老百姓就会跟你要，和气要不来就跟你吵闹，吵闹还不够就折腾点儿动静。所以，对于各种群体性的事件，地方官员很头痛，但我们以为这是好事，这是新期待对权利的呼唤。至于说引发一些混乱与不稳定，也不是什么坏事。母亲分娩还要疼痛呢。可是大家都知道，疼痛过后就是新生命的诞生。

所以，社会一旦有需求，就会比千万个政治家，比上百次大革命更能把社会推向进步，更能把政治体制改革推向纵深。

当中国社会实现了民众的每一个新期待，也就意味着保障了民众的每一项新权利，中国社会就又向文明进步迈出了一步。

反过来，当中国社会每前进一步，又会激发出民众新的期待，又会提出新的权利要求。

中国社会就在这样的循环往复中，一步一步走向政治文明。

我们有些同志往往对一些进行政治体制改革的豪言壮语与鲜明态度给予厚望，认为只要有决心、有态度就一定会有结果。事实上，对于政治体制改革来说，自觉的决心与态度固然重要，客观的"不得不"更加现实和有意义。细究中国社会这些年来政治体制的每一变迁，无一不是由经济社会的发展和技术进步所推动。没有社会分化与社会转型，没有经济社会发展所形成的人民群众的新期待，没有技术进步出现的互联网络与信息化，中国社会在政治体制领域的这些变化,放在 30 年前,甚至 15 年前都是不可想象的。

(三) 分清政治体制的体与用

现在好像整个社会都在谈论政治体制改革,但由于对政治体制理解的各不相同乃至很不相同,以至于很多讨论看似热热闹闹,其实是在鸡同鸭讲。通过梳理一些政治体制的理论性问题,厘清政治体制赖以产生的基础,考察政治体制演化变迁的路径,明晰政治体制所应肩负的责任,对于理解中国社会的政治体制改革,进而推进中国社会的政治体制改革是很有益处的。

1. 政治体制有"体"的属性也有"用"的内容

政治体制,用一句话来说,就是一个社会政治运行的一系列制度安排。我们在日常生活中谈到政治体制时,也往往是把它当成一个不可分割的制度总和来使用。其实政治体制是有"体"与"用"之分的。

所谓"体",是指政治体制的制度属性。政治制度属于上层建筑范畴,从属于社会的经济基础。政治体制作为一个社会政治制度的现实形态与具体体现,更是要由一个社会的经济形态所决定。虽然在现实生活中政治体制显得高高在上,其实它只是一个社会实现其发展的一种制度安排,是为社会发展服务的。所以,一个社会的政治体制既不可能随心所欲去指定,更不可能心血来潮去否决,而是应经济基础的需要而产生,随经济基础的变化而变化;因社会发展的道路而被选择,为社会发展的目标而被运用。

中国社会的历史发展让中国选择了走社会主义道路,中国社会生产资料以公有制为主体的所有制形态,决定了政治制度及其政治体制当然要顺应社会主义社会的发展要求而形成。不是说中国不走资本主义道路,毛泽东当年就讲过，中国也想去学外国，但学来学去老师老欺负学生，学来学去总逃不脱被奴役的命运，还学个什么？

一言以蔽之，政治体制耸立于经济社会形态之上，政治体制又服务于社会发展道路的需求。由于中国社会走的是社会主义道路，所以中国社会的政治体制中必然要具有社会主义的属性，体现社会主义的要求，反映社会主义的价值。我们不动辄在任何问题上问姓"社"姓"资"，但政治体制的姓"社"与姓"资"是客观存在的，也不会因为不去问就没有了。

以故，政治体制从来不能离开其社会环境而被抽象地评价好坏与优劣。政治体制是好是坏、是优是劣完全取决于该社会的经济基础状况及其发展道路的要求。中国社会之所以反复强调中国政治体制是符合国情的，总体上适应经济社会发展要求，就是因为我们的政治体制保证了中国经济长期快速发展和社会和谐稳定。有这样的作为，自然当有这样的评价。

所谓"用"是指政治体制的实现形式。研究制度学都知道，制度与体制既相联系又有各自侧重。制度更多侧重于理念与价值。一项制度之所以被赋予"基本"的地位，不是其内容有多关键，而是其所体现的理念与价值有多核心。那么这些价值与理念如何体现出来并在实践中得以施行呢？要靠体制来保障。所以，政治体制是政治制度及其理念价值的展开与具体化。这就决定了政治体制的形成是一个过程，是一个不断丰富新内涵、充实新内容的过程，政治体制不是一蹴而就的，不会一劳永逸。而且由于同一个理念可能会有多种方式去体现，同一个价值也能用不同的手段来保证。所以政治体制的形式就会多样化，服务于同一发展目标的政治体制的内容可以各不相同。

当我们从"体"与"用"的角度分析政治体制诸问题的时候，就会发现政治体制改革中什么可以改也必须改、什么不能改也改不了，其实是很明确的，并没有什么说不清楚的地方。

2. 政治体制之"体"不能变也变不了

那么，什么是中国政治体制之"体"呢？

中国共产党的领导，就是中国政治体制"体"的层面的要求；人民民主，同样是中国政治体制"体"的层面的要求；社会主义法治，当然也是中国政治体制"体"的层面的要求。这些要求是中国政治体制的本质属性，不能变也变不了。

有的人可能会问，凭什么一定要中国共产党的领导？很简单，进行社会主义建设不由一个无产阶级的政党来领导，难道要靠其他别的什么阶级政党来领导吗？我们要建设的社会性质逻辑地决定了领导核心的阶级属性。有人会接着问，那么新成立一个无产阶级政党来代替共产党行不行啊？我们说逻辑上还是讲不通。一个在中国社会中的无产阶级政党只要它真正是无产阶级政党，它的宗旨信仰一定就是共产主义的，它就是共产党；如果它不信守共产主义信仰，就不可能是一个无产阶级政党。所以，对于中国共产党的领导，我们可以再多说一句，中国共产党的领导体现在其政党宗旨信仰理论的领导上，而不仅仅是甚至不主要是政党成员的领导；是政党通过信仰它的成员来实现政党追求，而不是政党成员拉大旗作虎皮，以政党的名义谋自己的利益。

至于说目前中国共产党的领导行为是不是已经尽善尽美了，中国共产党的成员是不是已经真正共产党员化了，我们说这不尽然。在现实的执政过程中还有很多不合适的方式方法，有很多不应当的行为做法，我们的一些政党成员并没有真正从思想上入党，其对共产主义的信仰甚至还不如一些党外的同志。这些都必须改，但这就进到了"用"的层面，我们下面会专门讲。

再看人民代表大会制度。有些人士对西方民主体制顶礼膜拜，就是看不到我们的人民代表大会制度中所蕴含的实质性的人民民主。与那些排斥最广大群众在外的、少数精英群体自娱自乐的制度安排不一样，人民代表大会制度保证了让中国社会最大多数的人能掌握这一制度、能使用这一制度，会运用这一制度来保障自己的权利、行使自己的权力。

在现代社会，社会群体在分化。一些群体比较适应现代社会的游戏规则，比如像知识阶层、工商阶层、权力阶层，可以运用自身的资源在社会中游刃有余；而另外一些群体则会被边缘化，客观上成为社会进步的工具，比如城市化导致的失地农民，建筑业、制造业吸纳的体力工人。

但是，所有这些中下层的民众，他们依然有着神圣的求生存与求发展的权利。政治体制改革只能去增进他们本已经贫乏的权利，而不能去掠夺之。"马太效应"在西方可能理所当然，在中国绝对是逆天道而行不通。中国有句古话，"天之道损有余而补不足"（《老子》第七十七章）。

我们就拿保障权利为例。现代西方社会在保障权利方面可圈可点，以至于我们的一些改革不免或隐或现地向其看齐。但问题是真能看齐吗？

让中国3亿人过上美国人的生活，中国现在已经做到了，甚至这些人过得比美国人还要好；但是要让中国13亿人过上美国人的生活，就不是一件容易的事情，甚至到目前来看好像还没有哪个制度框架敢于承诺，至少在现有的美国制度框架内是不可能做到的。那么，对于一个自认为在社会中永远只是处于普通人地位的群体来说，他会希望什么样的政治体制改革？

有人会说为什么总要把目光放在普通人身上？只要给予机遇，普通人一样可以飞上枝头变凤凰，一样可以成为社会精英。这一判断没有错，我们的政治体制改革也正是要扩大这种可能性。但不论怎么扩大，社会存在普通群体是一个客观事实，尤其在中国社会，在我们可预计的相当长一段时间内，普通群体的数目仍然会是中国人口的绝大多数。

人民代表大会制度体现了国家一切权力来自人民、一切权力属于人民的原则，这是最大多数人民当家做主的根本制度，我们为什么要改？

至于说社会主义法治，反映的是社会主义社会的生产关系，体现的是社会主义社会的生产方式，保护的是社会最广大群众的权利与利益，改变了社会主义法治的性质就破坏了社会主义的生产方式与生产关系，这怎么能改？

我们一定要记住，改革不是全盘否定，改革更不是连根拔起。完善也好，健全也罢，如果改革改到最后连中国社会近百年奋斗的发展道路、宗旨信仰都否定了，这还是改革吗？

3. 政治体制之"用"可以改也必须改

忘记了政治体制改革的"体"不行，贸然改变政治体制之"体"，会导致社会发展转向、变色、换天；但把政治体制中的"用"当作"体"而对政治体制改革缩手缩脚，不去改、不敢改，问题就更大，会让我们的发展目标落空，发展进步停滞。中国禅宗有个比喻，以手指月，其意在月不在手指。不去看月亮而只盯住手指就大错特错了。毕竟其他东西也可以指月亮，比如筷子。

政治体制之"用"就好比手指。手指断了、没有了，完全可以改用筷子去指月亮。对于阻碍社会主义市场经济体制走向完善、阻碍现代文明社会发展进步的政治体制之"用"完全可以改，而且必须改。

中国共产党的领导不能改，但中国共产党目前的领导方式与领导体制完全可以改，甚至还必须改；人民代表大会制度不能改，但目前的一些不能适应人民政治参与积极性不断提高的代表产生方式方法和制约继续扩大人民民主的选举方式方法同样要大改快改；社会主义法治建设方向不能改，但目前的一些执法体制乃至司法体制恐怕已经到了非改不可的地步了。

我们举个很简单的例子。中国共产党要"党管干部"，这是大原则，但是不是所有的干部一定要一个萝卜一个坑由组织部门对号入座，大可讨论。我们要选个书记或市长，完全可以确定十个八个甚至更多的候选人，他们都是经过党管干部考核通过的，至于说最后哪一个干部当书记，哪一个干部当市长，完全可以提交各自的代表大会选举，是骡子是马让代表们说了算。组织部门就不用管了，以免形成暗箱操作，或者长官意志。

当然也不排除一些群体出于自有的利益而故意混淆政治体制的"体"与"用"，他们以"用"为"体"，为其不进行政治体制改革找借口。我们也承认，现在，在进行政治体制改革过程中，遇到的难题不是该不该改的问题，而是愿不愿意改的问题。因为，任何体制背后都有着特定的利益，这些利益依附体制而生，依靠体制而长。当利益积聚到一定规模后，就会反过来构建自我保护的机制，以进一步强化产生这些利益的原有体制，阻碍原有体制的变化。实在逃避不了的时候，其得利的利益群体就通过某种途径与方式将体制改革压力外部化，或者进行一些细枝末节的、非体制性的微小变革以缓解社会的压力。但我们必须指出，这种行为无异于饮鸩止渴。

对此，我们一定要有明确的态度，这就是政治体制"用"的层面的内容一定要改，而且要深刻地改，不能只是在外围兜圈子，或者只进行一些细枝末节的修修补补。比如说，公共权力不受制约，要改；公民权利不被保障，要改；法治不被尊重，要改；权力与市场结盟谋私，要改；城乡二元分割不公正，要改；社会运行官僚化，要改；等等，这一个政治体制改革的清单还可以拉很长很长。邓小平当年对此曾做出很明确的回应："一句话，就是要革命，不要改良，不要修修补补。"[①] 即使有些方面不可能毕其功于一役，也要像邓小平所说的"这个任务，我们这一代人也许不能全部完成，但是，至少我们有责任为它的完成奠定巩固的基础，确立正确的方向"[②]。

需要注意的是，在理论上可以把政治体制的"体"与"用"讲得很清楚，但要在实践中把政治体制的"体"与"用"分得很清楚，就不是一件

---

① 《邓小平文选》第 2 卷，第 130 页。
② 同上书，第 342—343 页。

容易的事情了。因为实践领域的政治体制的"体"与"用"绝非泾渭分明，往往相互交织缠绕在一起，要想分离实属不易，如一枚硬币的两面，你中有我、我中有你，相互依存、分则不存。这也就是政治体制改革复杂、困难的根源所在了。

(四) 政治体制改革的切入点与突破口

舆论的关注对于推进政治体制改革是很有益处的，但是政治体制改革也不能仅仅停留于话语的宣示和情感的企盼，而要在一些关键性问题上有本质性的突破。因此，务实地寻找政治体制改革的突破口，务实地选择政治体制改革的路径与策略，可能对于今日中国的政治体制改革更有意义。回顾改革历程，遵循改革规律，破解改革难题，我们可以说，适应下一步中国社会改革深化要求的政治体制改革应该在以下三个方面破题。

1. 把保障权利作为政治体制改革的基础性要求

这些年来在中国社会运行中出现了诸多让人费解的现象。比如，一方面是经济高增长，GDP大膨胀，另一方面却是老百姓"三难"——上学难、看病难、住房难，经济增长速度与生活改善状况存在极大反差；还比如，大学生没有找到工作但在教育部门的统计表上已经"被就业"了，水价上涨原来是居民已经有自来水公司董事长"被代表"了，以至于有人戏称中国社会进入了"被时代"。所有这些现象看起来互不关联，其实背后有一个共同点，就是正当的权利得不到保障。企业家按照市场经济要求平等经营的权利缺失，只能在非经济领域补偿；社会公众的基本福利被漠视，只能勤劳而不富有；既然逃不脱"被"的命运，何不"打打酱油"自我安慰。

可是当这些不正常的现象通过不得已的方式得以暂时缓解的同时，其实是给未来社会健康发展埋下了隐患。因而，有效保障社会公民的权利，是政治体制改革的基础性要求。

社会发展其实就是公民权利清单不断被拓展的过程，而这一过程有赖于政治体制的跟进。从表面上看，政治体制是一个社会权力运行方式，但在这表象背后是社会利益的分配与调整，更为深层的是对社会群体权利的界定与保障。说句不太全面但大体不差的话，如果说一个社会的经济体制关注的是如何激发不同社会群体创造财富的话，一个社会的政治体制则是通过保障权利来关注不同社会群体如何分配和占有这些财富。

有的同志寄希望于一个聪明、慈祥、全能的大家长来保证社会财富的分配公平正义。其实，再聪明的家长也有犯糊涂的时候，再慈祥的家长也难免有偏心的可能，面对错综复杂的利益诉求，所谓全能只能是痴人说梦。更何况如果这个家长有些私心只顾自己不顾他人麻烦就更大了。所以，真正可靠的还是让社会群体通过宪法赋予的权利自己去维护自己的利益。通过发展社会主义民主，切实保障人民当家做主的民主权利，特别是选举权、知情权、参与权、表达权和监督权；通过进一步扩大基层民主，健全基层自治组织和民主管理制度，让广大群众更好地参与管理基层公共事务；等等。

不过，吸取这些年来中国社会政治体制改革的教训，做到这些还稍嫌不足，我们还应该再往前走一步。这就是当政治体制说要保障权利的时候，一定要讲清楚保障谁的权利，保障什么样的权利。没有后面的这些明确界定，保障权利就不仅是一句空话，甚至还是一句谎话。

之所以要分得这么清楚，是因为现代社会不同群体的利益与权利，固然不必然是对立与冲突的，也不全然是一致和互补的。很多的时候某一群体的某种权利的实现是以其他群体的另一种权利的丧失为前提的。在现代社会发展中，为了城市化拿走了农民的土地让他们成了失地农民；为了国际贸易中的低成本比较优势，进城务工人员只能拿极低的工资；为了企业的高效率，一大批的工人下了岗。可是，所有这些中下层的民众，他们依然有着神圣的求生存与求发展的权利。政治体制改革只能去增进他们本已经贫困的权利，而不能去掠夺之。我们经常讲特色，这正是中国社会政治体制改革的最大"特色"所在。

2. 把规范权力作为政治体制改革的第一着力点

政治权力是保障一个社会稳定有序不可或缺的要素，任何弱化政治权力的做法不仅幼稚，甚至有害，尤其对于一个正在快速发展和转型中的大国来说，强有力的政治控制力是福不是祸。但是信任权力不等于放纵权力。

这些年来中国社会发展在这方面是有教训的。比如，失范的权力制约了经济体制改革的深化与完善。

中国社会从1993年提出建立社会主义市场经济体制的目标，经过十年的改革探索，到2003年又提出了完善社会主义市场经济体制的目标，到十八届三中全会又一个十年过去了。但实事求是地讲，社会主义市场经济体制的很多方面并没有真正得到完善，甚至有些方面还依然在建立的过程中，仍然处在破题阶段。像收入分配制度改革，政府行政管理体制改革等，只能说在不断破题的过程中；乃至一些很具体的，比如垄断行业改革，资源性产品价格和环保收费改革，财税体制改革等都步履维艰。而这一切皆源于不同层面、不同部门权力的自我放纵。

更重要的是这些权力的放纵甚至扭曲了经济体制改革的路径，消解了经济体制改革取得的绩效，以至于造成经济体制改革的异化。

在经济体制领域的市场化改革无疑是一个基本方向，可以极大地调动各经济主体的积极性，优化社会资源的配置。尤其是"社会主义市场经济体制"的提出，我们更是充满期待，认为在市场经济前面加上"社会主义"是画龙点睛，既可以把市场经济的好东西拿过来，又可以避免市场经济的一些固有缺陷。

这一判断并非一厢情愿。确实，如果有一个好的、科学的、适应现代社会发展进步的、以社会主义政治文明为基础的政治体制的保障，社会主义市场经济体制确实可以扬市场经济之长，避市场经济之短。

但在20多年来的市场经济体制实践过程中，这一期待并没有完全实现，甚至在很多层面出现了比较严重的权钱交易现象，用一位经济学者的话讲，出现了一些"权贵资本主义"的苗头。握有权力的部门与群体运用权力到市场中去获取不应得利益，又以市场经济为借口逃避应该承担的社会保障和公共服务责任。以至于社会公众开始质疑市场化的改革取向，开始怀念计划经济时期的一些做法。

我们不用去回避社会公众提出的这些质疑，20多年来市场化过程中出现的问题甚至远比已经被大家意识到的还要多，还要严重。但问题的根源是，这些弊端、这些扭曲其实正是政治体制改革与经济体制改革不适应，是权力过于独断所导致的，而不是市场化本身。可是政治体制改革的滞后，权力的不被约束，却让普通老百姓把这一盆脏水倒在了市场经济的头上。没有政治体制改革的保障，经济体制改革的成果就会得而复失，现代化建设的目标就不可能实现。

通过一系列的制度创新，比如转换政府职能、培育非政府组织、鼓励媒体监督，辅之以对现代技术进步的依托，比如互联网带来的公开化、透明化等，把权力装进法治的笼子，让它服务于社会而不能凌驾于社会，是中国政治体制改革真正的开始。

3. 以实践信仰来构建执政党新的政治合法性

中国社会现有的政治格局是中国共产党带领中国人民历经革命、改革、建设奋斗所得，是历史的赋予，是既定的事实，执政合法性毋庸置疑。但随着社会的发展进步和时代的演进，中国共产党也必须通过实践信仰来构建新的政治生态，以进一步充实和丰富政治合法性基础。

中国共产党是中国社会唯一的执政党，中国的政治体制改革要在中国共产党的领导下展开。但是，如果回避执政党的政治优势，回避共产党的先进性，来谈政治体制改革，不仅不会有真正的政治体制改革，还会给多党政改提供口舌。一些群体就会发难，既然你也就是普普通通一个政党，与我们拉帮结伙成立的 A 党 B 党没有什么本质上的不同，为什么你要成为唯一呀，为什么我们不能与你竞争执政权。

所以中国共产党必须旗帜鲜明地宣示并身体力行地实践其信仰。试想，如果中国共产党人切实做到了党章所要求的没有自身的利益，还会有权钱交易、以权谋私吗？如果中国共产党人真正把自己当作人民公仆为人民服务，社会公民的权利能得不到保障吗？如果中国特色社会主义保障了民众的主人翁地位，人民可以有效地监督政治权力，还有必要搞走马灯似的政党竞争吗？

中国共产党要通过自我完善、自我净化乃至凤凰涅槃的行动告诉公众，目前出现的所有这些体制方面的不适应、不规范、不理想，皆是政党自身的先进性没有充分体现、有些淡漠，皆是社会主义的因素尚且初级、还不够格，并不是政党本质的矛盾，更不是社会主义的困境，通过加强政党自身建设、通过社会主义不断进步，这些问题都能迎刃而解。

最后，强调一点，实践信仰体现在中国共产党对于政治体制改革的态度上，就是一定要改，而且要深刻地改。政治体制改革并非"通天塔工程"，并没有什么技术难题不能克服，并没有什么必要条件不可获得。曾经有人讲过一句话，"文化的改变至少需要 60 年，经济体制变革需要 6 年，政治体制变革只需要 6 个月"。这句话说透了体制变革的核心密码。也许当我们真正付诸行动的时候，就会发现政治体制改革其实并不像我们想象的那么难，也不像我们想象的那么复杂，甚至都用不了我们想象中那么久的时间。

第 四 章

战略保障：全面依法治国

　　法治是现代社会最核心的价值、最突出的标志，也是现代国家治国理政的最基本方式、最鲜明特征。中国共产党的十八届四中全会以清醒、深厚、高度的历史自觉，通过构建中国特色社会主义法治体系，在法治理念、治国方略、治理体系、执政方式等方面都实现了重大突破，为我们党更好地担负起治国理政这一伟大使命奠定了坚实的基础，国家治理走出了一条新路。

◇一　国家治理的理论自觉

　　自从中国共产党十八届三中全会把推进国家治理体系和治理能力现代化作为全面深化改革的总目标提了出来，国家治理现代化问题一时间成为整个社会关注的焦点和学术研究中的热点。在这些关注与研究中有一种看似无意识却不能掉以轻心的倾向，就是理论上把"国家治理"当成一个既定的乃至固定的概念来使用，行为上把"国家治理"当作一种既定的乃至固定的模式去模仿，目标上把"国家治理"想象为一种既定的乃至固定的状态去追求。但是，国家治理理念果真就是单面的吗？国家治理模式果真就是单线的吗？国家治理目标果真就是单向度的吗？答案当然是否定的。不过要把其中的道理说清楚、讲明白，首要的是对国家治理的理论自觉。

毕竟理论的成熟是政治坚实的基础，理论的自觉是行为科学的前提。

（一）明确国家治理的"应该"

这些年来我们经常讲一句话，发展观决定发展模式。其实，国家治理观同样决定着国家治理模式。不同的国家治理观会导致不同的国家治理模式，不同的国家治理模式背后矗立着不同的国家治理观。

可能有人会说，国家治理体系说到底就是一个国家的制度体系，国家治理能力说到底就是这个国家的制度执行能力。而制度最大的特点就是一视同仁，正所谓"制度面前人人平等"，只要把大家都认可的制度，把其他国家已经做得很好的制度拿来给现代化了不就实现了国家治理体系和治理能力的现代化，去关注和讨论国家治理观又有什么意义？

此语看似与我们的常识相符，其实大谬。在制度哲学研究中有一个核心理念，就是"制度非中性原则"，任何制度都有它的优势策略与偏好群体，同一制度对于不同的群体、不同的行为模式、不同的社会阶段会产生截然不同乃至大相径庭的绩效。一个国家、一个社会、一个群体更需要什么、更重视什么、更珍惜什么、更希望什么直接决定着这一国家、这一社会、这一群体对制度模式的偏好与选择。

因此对于当代中国社会来说，国家治理的制度模式选择并不是简单地人云亦云、"拿来主义"，而是与其价值追求、社会理想、奋斗目标、伟大梦想紧紧联系在一起的，这一切决定了中国社会国家治理的"应该"：

——国家不富强，就会被开除"球籍"；民族不复兴，无颜担当龙的传人。当代中国的国家治理不是仅仅满足于把丛林状态的社会秩序化，不是说把一个社会给统治住就万事大吉，而是要把国家富强、民族复兴作为最基本的目标。我们要通过推进国家治理体系和治理能力现代化，让一个曾经饱受异族列强欺侮、目前尚是发展中国家的中国，经济发展、政治昌明、文化繁荣、社会和谐，到21世纪中叶成为富强、民主、文明、和谐的社会主义现代化国家巍然屹立在世界东方；我们要通过推进国家治理体系和治理能力现代化，让一个能彰显五千年灿烂文化、能传承五千年悠久文明、能把自己的价值观与世界共享、能用自己的软实力促进世界共荣共进的中华民族傲然屹立于世界民族之林。实现不了这一目标的制度体系，说得再天花乱坠也一文不值。

——走向世界不等于丧失自我，为世界打工是要与世界共赢。中国社会不能沉湎于永远做西方社会的附庸，不能幻想在群狼法则的世界中一只"和平、可亲、文明的狮子"能独善其身；我们固然要善意遵守既有的世界规则，更要积极参与制定新的更公平正义的世界规则。要实现这一目标，在国家治理的制度选择方面就要走自己的路。

——国家富强、民族振兴落脚处还是人民幸福。中国国家治理最根本的也是最高的目标是让中国人民自己当家做主，过上更加富裕、更加有尊严的生活，让13亿中国人民能实现每个人的自由全面的发展。只有充分尊重人民群众的主体地位，充分发挥人民群众主人公的积极性，让人民群众自己当家做主实现自己发展，建设自己社会的制度才是我们国家治理体系应该选择的制度；只有让中国社会的一切发展都由人民群众主导，由人民群众决定，中国社会发展的一切成果，包括物质成果和精神成果都能为人民群众共享的制度，才是推进国家治理体系和治理能力现代化的题中应有之义。

（二）立足国家治理的"可能"

明确了国家治理的"应该"只是前提，要想把这"应该"变为现实，还要关注国家治理的"可能"。选择什么样的国家治理体系、如何选择国家治理体系，并不是一件想当然的事情。离开了现实的经济社会条件，离开了具体的历史文化背景,推进国家治理体系和治理能力现代化就是空中楼阁、无根绢花。习近平总书记指出:"一个国家选择什么样的治理体系,是由这个国家的历史传承、文化传统、经济社会发展水平决定的,是由这个国家的人民决定的。我国今天的国家治理体系,是在我国历史传承、文化传统、经济社会发展的基础上长期发展、渐进改进、内生性演化的结果。"[①]这一论断充分反映了中国社会在国家治理体系选择上的科学认识和高度自觉。

国家治理并不是什么新生事物,人类社会伴随着国家的诞生就有了国家治理的要求与实践。不同时代、不同国家有着不同的国家治理体系和治理能力,不同的国家治理体系和治理能力决定着不同的国家治理绩效。就算曾经是很好也很管用的治理体系和治理能力,如果不能随着时代的变化、社会的演进与时俱进也会被历史淘汰。历史上的中国曾经建立了高度完备的、充分适应封建社会形态要求的、以封建制度为主要特征的国家治理体系,其治理能力更是在上千年的积累中不断精进,但是在时代已经发生大变革的背景下,在外来资本主义社会的坚船利炮面前不仅不堪一击,还为中国社会留下了近百年的耻辱。

那么,可不可以把别人的、尤其是曾经打赢我们的那些国家和社会的治理体系拿过来"师夷长技以制夷"呢?中国社会在鸦片战争以来确实做过诸多的尝试,像什么君主立宪制、议会制、多党制、总统制,当然也包括重新复辟帝制,各种办法都试过了,结果就像毛泽东曾说的,"我们中国人是很愿意向西方学习的,可学来学去总是老师欺负学生",不仅不管用还更受欺侮。其实就算别人不欺侮,也会水土不服,正所谓"橘生淮南则为橘,生于淮北则为枳,叶徒相似,其实味不同"。习近平总书记在浙江的时候讲过一个"驴马理论"的比喻,说的是:马比驴跑得快,一比较,发现

[①] 《习近平在省部级主要领导干部学习贯彻十八届三中全会精神 全面深化改革专题研讨班上的讲话》,《人民日报》2014年2月18日。

马蹄比驴蹄长得好，于是把驴身上的蹄换作马的蹄，结果驴跑得反而更慢；接着再比较，又发现马腿比驴腿长得好，于是把驴身上的腿也换作马的腿，结果驴反而不能跑了。怎么办？走自己的路，走一条适合自己、源于自己的路，这就是马克思主义指导下的社会主义道路。

这一治理体系之所以在中国社会成为可能，是因为这条道路契合了中国社会的历史传承、文化传统、经济社会发展水平，不仅是在改革开放30多年的伟大实践中走出来的，在中华人民共和国成立60多年的持续探索中走出来的，在对近代以来170多年中华民族发展历程的深刻总结中走出来的，更是在对中华民族五千多年悠久文明的传承中走出来的。其深厚的历史渊源和广泛的现实基础是任何制度体系都不具备且难以企及的。

此外，找到一条正确的国家治理之道固然重要但并不是全部，还需要把它所蕴含的能力、潜力尽可能地激发出来。如何把我们所选择的治理体系进一步完善，让它的治理能力进一步提高，实现治理体系和治理能力现代化，不可能一蹴而就，需要实践、需要时间。邓小平在1992年讲："恐怕再有三十年的时间，我们才会在各方面形成一套更加成熟、更加定型的制度。"具体到要真正实现国家治理体系和治理能力现代化，让在党领导下管理国家的制度体系，包括经济、政治、文化、社会、生态文明和党的建设等各领域体制机制、法律法规安排，也就是一整套紧密相连、相互协调的国家制度真正现代化，让我们运用国家制度管理社会各方面事务，包括改革发展稳定、内政外交国防、治党治国治军等各个方面的能力真正现代化，恐怕时间还会更长一些。"长期发展、渐进改进、内生性演化"绝不只是过去完成时，更是现在乃至将来进行时。我们要对真正实现国家治理体系和治理能力现代化所意味着的漫长性、复杂性甚至曲折性有充分的心理准备，既不要急于求成、好大喜功，也不要颓废悲观、丧失信心。

（三）坚定国家治理的"必然"

着眼国家治理的"应该"，立足国家治理的"可能"，中国特色社会主义制度就成为当代中国国家治理体系的必然选择了。党的十八届三中全会后，我们一些同志在解读全面深化改革总目标时，往往喜欢讲后一句"推进国家治理体系和治理能力现代化"。乍一看好像问题不大，但会导致严重的甚至是颠覆性的错误。习近平总书记特别强调"必须完整理解和把握全面深化改革的总目标，这是两句话组成的一个整体，即完善和发展中国特色社会主义制度、推进国家治理体系和治理能力现代化。我们的方向就是中国特色社会主义道路"，其实就是针对这样一种现象讲的。

对于今日中国社会来说，国家治理体系是有确定内容的，就是中国特色社会主义制度。所以国家治理体系现代化说到底就是中国特色社会主义制度的现代化，舍此无他。中国特色社会主义制度，坚持把根本政治制度、基本政治制度同基本经济制度以及各方面体制机制等具体制度有机结合起来，坚持把国家层面民主制度同基层民主制度有机结合起来，坚持把党的领导、人民当家做主、依法治国有机结合起来，符合我国国情，集中体现了中国特色社会主义的特点和优势，是中国发展进步走向现代化的根本制度保障，是实现中华民族伟大复兴中国梦的基本行为规范。

固然中国特色社会主义制度尚未成熟定型，依然也必须做进一步的改革。但是这种改革是对中国特色社会主义制度的完善，不是全盘否定，不是另起炉灶，更不是连根拔起。比如，在市场经济背景下国有企业改革势在必行，但国企改革不能简单地私有化，一味地改变国有企业的所有制性质而不去搞内部的管理运行机制创新，未见得能解决国有企业中存在的真问题，但却会真的动摇社会主义的经济基础。政治体制改革要加快毋庸置疑，但发展社会主义民主政治绝对不意味着要取消中国共产党的领导，不意味着要放弃人民代表大会制度。我们不要动辄在任何问题上问姓"社"姓"资",但政治体制的姓"社"与姓"资"是客观存在的,也不会因为不去问就没有了。

如果我们追求现代化追求到最后连中国社会近百年奋斗的发展道路、宗旨信仰都否定了,这还是我们期望中的现代化吗?习近平总书记说过:"中国是一个大国,决不能在根本性问题上出现颠覆性错误,一旦出现就无法挽回、无法弥补。"① 什么是颠覆性的错误,就是在进行国家治理的过程中偏离了正确的方向。

(四)做好国家治理的"必须"

如果说国家治理体系的形成、选择有着不以人的意志为转移的客观历史与现实必然性的话,优化治理体系、强化治理能力就是历史主体必须发挥其能动性的责任领域了。推进国家治理体系和治理能力现代化,我们必须做的事情很多,现仅摘要讲三点:

——必须保持精神独立性,用社会主义核心价值观打造国家治理的精神支撑。对于一个社会来讲,精神独立奠定了经济政治社会独立的前提,精神独立也保证了经济政治社会在真正意义上的独立。如果一个社会在精神层面上人云亦云、亦步亦趋、唯他人马首是瞻,不能在精神层面上想清楚、讲清楚什么是好、什么是应该、什么是有意义,怎么可能走出一条前无古人的新路,怎么可能确立起优越于他者的全新制度,又怎么可能把自己选定的道路信心百倍、义无反顾、坚定不移地走下去。如果中国社会不能在价值观方面赢得对西方社会的竞争优势,国家治理体系的竞争就丧失了舍我其谁的精神基础。

---

① 《习近平在亚太经合组织工商领导人峰会上的演讲》,《人民日报》2013年10月8日。

——必须勇于自我革命，在触动利益中完善和发展中国特色社会主义制度。坚持不是路径依赖，完善不能停留于零敲碎打的调整和碎片化修补。没有全方位、深层次、系统性改革，中国特色社会主义制度不可能实现创新性发展。我们今天讲变革不仅意味着对30多年前那些不合时宜的制度体制的变革，更意味着一些已经成形的制度体制还要进一步变革，意味着要对既定利益结构进行与时俱进、顺应历史潮流和民意的调整。这一过程必然会招致一些既得利益群体的反对，会有极其巨大的阻力和意想不到的波折。但我们别无选择。

——必须敞开胸怀与眼界，从历史和现实中汲取滋养推进国家治理体系和治理能力现代化的文明财富。历史中国的治理体系与我们是不同的，现代西方社会的治理体系与我们也是不同的，甚至西方社会内部各个国家间的治理体系也是大相径庭的，但这并不意味着这些不同背后没有共同的东西。它们都在一定程度上体现了对国家治理规律的认识与把握、探索与实践，这是人类社会进步的文明结晶，也是人类社会的共同财富。不照搬制度模式绝不意味着不借鉴他人的好东西。勇于和善于把他人的好东西化成我们自己的东西，是推进国家治理体系和治理能力现代化进程中一门至关重要的必修课。

◇二 法治背后耸立着制度

法治本质上是一个社会制度形态的法律表现形式。法治性质源于制度性质，法治意识就是制度意识。坚持中国特色社会主义制度，培育并确立正确的制度观念是建设中国特色社会主义法治体系的基本前提。

(一) 尊重制度并且培育制度意识

在现实的社会中有一个很不正常的现象,就是制度意识极其淡漠。这种制度意识淡漠主要表现在,社会上的各种主体对制度权威缺乏应有的尊重,把制度作为一种为自己所有、为自己所用、为自己所改变的工具。合乎自己利益的制度就遵守,不合乎自己利益的制度就不遵守;当破坏制度能获取利益时,就毫不犹豫地去破坏制度。这样一种制度观念对于社会发展有很大害处的。中国在走向社会现代化和人的现代化的过程中,一定要尊重制度的内在规律与质的规定性,自觉维护制度的权威,培育起正确的制度意识。

培育制度意识,首先要确立这样的意识,就是要意识到制度绝不是某一个体实现其超越其他主体利益的工具。尽管在现实中的制度不可避免地会体现为一个群体压制另一个群体的关系,但这种关系是一种有着社会生产力背景的客观产物,绝不是某一群体或某一个人意志的产物。制度是人赖以处理其社会关系以实现其自由而又全面发展的中介物,相对于社会发展与人的发展这最根本的目标来说,制度确实有工具性的色彩。但这种工具性仅是制度相对于具有类概念的人或者具有整体性概念的社会时才具有意义的,绝不能以此为借口,让制度成为某一个具体的人或某一个具体的社会主体个体性的工具,这样制度就会成为一种自由意志的附庸,而丧失了制度起码的客观性。

培育制度意识,还要确立这样的意识,就是要意识到在既定的制度环境和制度对象中,不存在任何超越制度之上、游离制度之外的特殊主体。我们承认不同的主体在制度选择和设计过程中的地位不同,有的主体是制度制定者,有的主体是制度承受者;也承认在同一制度结构中不同的主体所处地位也不同,有的主体处于统治、控制地位,有的主体处于被统治、被控制地位。但不管是主动也好、被动也好，统治也罢、被统治也罢，这些主体都面临一个共同的状况，就是他们都处于制度框架的影响与制约中。只有这样制度才能发挥其功能，制度存在也才有其意义。如果说在某一制度安排中，有一些主体应该作为制度对象包括其内，但居然没进入该制度框架，反而作为特殊的主体居于制度之上，那么这一制度安排就违背了制度之所以为制度最起码的普适性原则。而缺乏普遍约束性的制度是没有权威的，因而也是没有效果的。

培育制度意识，也要确立这样的意识，就是作为个体的人或某一主体要意识到，任何利益包括自由这种形态都要在规范中实现，而不是在规范外实现。制度作为一种规范性的存在物，其实现人的利益乃至人的自由是以人接受其规范为前提的，也就是说人要享有制度对其利益和自由的保护，首先要让渡出自己的一些利益与自由，只有这样整个社会和全体成员才有可能在一个协调的框架中实现自己的利益与自由。如果个别性地打破规范固然可能暂时得到超乎正常状态的利益与自由，但这是以其他人正常状态利益与自由损失为前提的。如果允许这种现象的存在，就会有越来越多的人选择打破规范，这样制度也就名存实亡了，又回到了原始的丛林状态，人原有的利益与自由也将丧失。

（二）重视制度但要走出制度神话

比起轻视乃至蔑视制度，动辄人治、长官意志的现象来说，重视制度、信任制度、依靠制度无疑是一种进步。但是在重视制度的过程中，我们也要注意并防止出现制度神话的倾向。

关于制度，我们曾经和正在构造两个神话：

第一个神话：如果我们从理论上认识到并设计出一个好的、先进的、优越的制度，并且想当然地宣布实行之后，这一制度就能解决所有我们希望其解决的问题，使得整个社会形态乃至人的发展状况都进入一个新的阶段。这一神话笼罩中国社会数十年，直到近些年来才逐渐被突破，但其遗留意识的作用仍不可忽视。

第二个神话：伴随着对"人治"形态的反思和对制度价值的认识，对制度的作用越来越推崇以至于走过了头，想当然地认为制度可以解决一切问题，只要一切都按制度去办，没有解决不了的问题。如果社会政治生活中还有什么疑难问题、硬骨头问题、解决不了的问题，毫无疑问都是制度、体制的不好，一旦有了好的制度与体制安排，一切将迎刃而解。这一神话还正在盛行中，甚至还有扩张之势。

第一个神话有着一种唯心主义的色彩，忽视了生产力发展水平的客观历史阶段性；第二个神话则有一种"泛制度化"的色彩。要真正发挥制度之所为，必须走出这两个神话，理性地认识制度的局限与制度的所不能为。

首先，制度不能解决制度以外的问题。无论是从社会的发展看，还是从人的发展看，制度都不是本原。借用一种我们熟悉的思维来说，可以说社会生产力是第一性的，而制度是第二性的。真正发挥根本性作用的还是生产力而不是制度，制度作为保障作用或者说反作用其意义是重大的，但也是在社会生产力的背景和基础上发挥着作用，或者说是在社会生产力的既定框架下发挥着作用，制度不能解决制度以外的问题，不能超出自己的领域甚至凌驾于社会生产力之上。片面地强调制度变革的作用，希求简单地通过制度变革来实现社会的发展，解决社会发展中存在的问题，是非马克思主义的，是要在实践中碰壁的。

在这个方面还有一层意思就是制度不能自己宣布自己的到来。一种制度是否能出现，能否在社会中发挥作用，不是以人的主观愿望强烈与否为前提，也不是以它的价值评判高低为根据，仍然是以社会生产力的发展水平为基础，以社会生产力的发展阶段为依据。理论上的宣称与急于求成是有百害而无一利的。

其次，制度不能解决非制度性的问题。无论制度设计多么周密细致，多么全面详尽，它都不可能穷尽大千世界中的一切现象，都不可能覆盖社会发展和人的发展过程中的各种可能，加之人的情感、思维、动机在根本上是不可能精确量化和描绘的，这些因素甚至是非制度性的。在这种情况下，如果要以有限的制度设计来解决无限的发展问题，必然会力不从心。这种泛制度化的倾向如果得不到纠正，很有可能在出现无数次因制度力不从心而陷入窘境的现象之后，走向对制度的不信任，从一个极端一下子跳到了另一个极端。

所以，走出制度神话，才是制度真正发挥作用的开始。

◇◇三 法治中国的实践逻辑

中国共产党的十八届四中全会以全面推进依法治国为主题，再次吹响了建设法治中国的号角，法治中国"已见光芒四射，喷薄欲出"。中国社会在迈向法治中国的历史进程中，为什么要全面推进依法治国，为什么要走这样而不是那样的一条法治道路，为什么要旗帜鲜明地彰显"四个维护"的价值追求，以及把建设中国特色社会主义法治体系作为总抓手，把"三个共同推进"和"三个一体建设"作为工作总布局，在这一系列战略部署背后反映的是坚持和发展中国特色社会主义的本质要求，体现的是让法治中国走得更稳、走得更快、走得更好的实践逻辑。

（一）准确的功能定位

法治是现代社会最核心的价值、最突出的标志，也是现代国家治理的最基本方式、最鲜明特征。但是，正如列宁曾经讲的，"只要再多走一小步,看来像是朝同一方向多走了一小步,真理就会变成错误"[1]。崇尚法治是必然的,崇拜法治却是错误的;相信法治是必须的,迷信法治却是有害的。如果我们不能对依法治国有科学准确的定位,无限地拔高,不切实际地想当然,以为法治可以包打天下,甚至可以重新塑造国家,则不仅不会为全面推进依法治国注入正能量,反倒可能帮倒忙,让依法治国流于空谈,甚至误导中国走向法治国家的努力方向。

对于今日中国社会来说,我们一定要明确"依法治国"本身不是目的,作为治国方略其指向是实现国家治理体系和治理能力现代化,是要通过依法治国让我们的国体(人民民主专政的社会主义国家)与政体(人民代表大会制度)更完善、更有效,而不是放弃我们的国体、改变我们的政体;是要通过依法治国实现中华民族伟大复兴的中国梦,而不是别的什么梦想。法治可以改变一个国家的面貌,可以优化一个国家的状态,但改变不了也不能去改变一个国家的性质及其基本制度。

关于依法治国的这一实践定位,中国共产党的认识很深刻,党的十八届四中全会讲得也很清楚。在四中全会的《决定》开篇中有一段话:"全面建成小康社会、实现中华民族伟大复兴的中国梦,全面深化改革、完善和发展中国特色社会主义制度,提高党的执政能力和执政水平,必须全面推进依法治国。"讲的就是关于依法治国的定位问题。

四中全会这段话涵盖了中国共产党十八大以来正在做的三件大事:"全面建成小康社会"是十八大提出的,"全面深化改革"是三中全会要求的,"全面推进依法治国"则是这次全会的主题。三年三个"全面",绝非无意的巧合,更不是简单的文字排比,贯穿其中的是当代中国实现中华民族伟大复兴中国梦的路线图。

其实坚持和发展中国特色社会主义,推动改革开放和社会主义现代化

---

[1] 《列宁选集》第4卷,人民出版社2012年版,第211页。

建设迈上新台阶，建设法治中国，并不止于"三个全面"。在四中全会结束后不久，习近平总书记到江苏省考察的时候，又提出了第四个"全面"——全面从严治党。从"三个全面"到"四个全面"，既是坚持和发展中国特色社会主义实践的客观要求，又是对坚持和发展中国特色社会主义规律认识的深化，更是建设法治中国的逻辑必然。四中全会提出的加强党内法规制度建设，就是全面从严治党的重要举措之一。

在这"四个全面"中，全面建成小康社会是奋斗目标，有目标则有方向；全面深化改革是动力，有动力则能成事；全面推进依法治国是保障，有规矩则成方圆；全面从严治党是主心骨，任凭风浪起，稳坐钓鱼台。

党的十八大提出，到2020年，也就是中国共产党建党100周年的时候要全面建成小康社会。"依法治国基本方略全面落实，法治政府基本建成，司法公信力不断提高，人权得到切实尊重和保障"等，这些在四中全会上被高度聚焦的内容早就被当作全面小康的内涵写进了十八大报告。经过数十年的发展，中国小康社会建设诚然取得了很大的成就，用我们常说的话就是已经总体实现小康。但细究起来这一小康社会依然还是低水平的、有差距的，还是发展很不平衡、很不协调，内容也很不全面。现在距离2020年已经剩下不到5年时间了，如何尽快补上全面小康的"短板"，就要靠全面深化改革注入动力，靠全面推进依法治国保驾护航，靠全面从严治党打造坚强政治核心。

因此，"四个全面"一体两翼，中有核心。目标是体，动力与方略是翼，一个既伟大光荣正确又先进优秀的中国共产党就是当之无愧的核心，当仁不让的主心骨。四管齐下，绘就中国发展新蓝图；四足鼎立，共同撑起中华民族伟大复兴的中国梦。着眼于全面小康的全面深化改革就是以更大的政治勇气和智慧，不失时机地深化重要领域改革，坚决破除一切影响全面小康的思想观念和体制机制弊端，构建系统完备、科学规范、运行有效的制度体系，使各方面制度更加成熟、更加定型；着眼于全面小康的全面推进依法治国则是为了更好统筹社会力量、平衡社会利益、调节社会关系、规范社会行为，使我国社会在深刻变革中既生机勃勃又井然有序；着眼于全面小康的全面从严治党，旨在通过全面加强党的思想建设、组织建设、作风建设、反腐倡廉建设、制度建设，增强自我净化、自我完善、自我革新、自我提高的能力，确保党在全面建成小康社会进而实现中华民族伟大复兴的伟大进程中始终成为坚强领导核心。

如果我们留心，会发现中国社会的全面深化改革早就与全面推进依法治国协同作战、一体推进了，而全面从严治党犹如一根红线始终贯穿其中。十八届三中全会《决定》的第八、九、十部分所讨论的内容与四中全会的内容完全一致，甚至第九部分的题目就是"推进法治中国建设"。因为全面推进依法治国所需要的制度体制要通过全面深化改革而培育、形成、确立。这也就是为什么习近平总书记把这两个《决定》称为"姊妹篇"："党的十八届四中全会通过了全面推进依法治国的决定，与党的十八届三中全会通过的全面深化改革的决定形成了姊妹篇。全面深化改革需要法治保障，全面推进依法治国也需要深化改革。"至于说在全面深化改革中碰到的"老大难""硬骨头""雷区""险滩"，在全面推进依法治国中遭遇的思想不适应、行为不规范、制度不完备等问题，当然要靠也只能靠全面从严治党去化解，但它们同时也为全面从严治党提示了入手处与着力点，让全面从严治党更加有的放矢。

我们通过"四个全面"的逻辑关系来对依法治国进行功能定位，绝非简单的"法律工具主义"。但是法律不能成为政治权力的工具，却必须也必然是国家治理的手段，不能本末倒置、体用易位。法治脱离制度背景，不仅无所作为，还会走火入魔。正如马克思所强调的，"在现代国家中，法不仅必须适应于总的经济状况，不仅必须是它的表现，而且还必须是不因内在矛盾而自相抵触的一种内部和谐一致的表现"[1]。在这一点上，我们无须

---

[1] 《马克思恩格斯选集》第 4 卷，人民出版社 1995 年版，第 702 页。

"顾左右而言他"。

(二) 坚定的道路自觉

当代中国建设社会主义法治国家的目标是明确的,但是如何走向社会主义法治国家,如何真正实现依法治国,不同的路径选择会产生截然不同的结果。一个国家走向法治之路要与这个国家的经济社会发展状况、历史文化传统、人民的心理行为等相契合、相匹配,简单的拿来主义、人云亦云不仅行不通还会引发更大问题。"坚定不移走中国特色社会主义法治道路"就是十八届四中全会凸显出来的道路自觉。

中国特色社会主义法治道路并不是一句抽象的话语,而是有着十分确定的内涵与要求。十八届四中全会从两个方面对中国特色社会主义法治道路进行了阐述。

首先是"五个坚持"的基本要求:"坚持中国共产党的领导,把党的领导贯彻到依法治国全过程和各方面;坚持人民主体地位,把人民作为依法治国的主体和力量源泉;坚持法律面前人人平等,任何组织和个人都必须尊重宪法法律权威,都必须在宪法法律范围内活动,都依照宪法法律行使权力或权利、履行职责或义务,都不得有超越宪法法律的特权;坚持依法治国和以德治国相结合,以法治体现道德理念、强化法律对道德建设的促进作用,以道德滋养法治精神、强化道德对法治文化的支撑作用,实现法律和道德相辅相成、法治和德治相得益彰;坚持从中国实际出发,围绕社会主义法治建设重大理论和实践问题,推进法治理论创新,发展符合中国实际、具有中国特色、体现社会发展规律的社会主义法治理论,为依法治国提供理论指导和学理支撑。"这"五个坚持"是中国特色社会主义法治道路的底线原则,如果在这五个方面放弃了、退让了,就会犯"颠覆性错误",不可弥补、无法挽回。

较之于我们从党的十六大开始一直沿用的提法,"坚持党的领导、人民当家做主、依法治国有机统一","五个坚持"从正面阐明了中国特色社会主义法治道路的基本原则,立场与态度更加明确坚定,内涵也更加具体清晰,但这还不是全部。习近平总书记在做决定《说明》的时候,更进一步明确指出,坚持党的领导、坚持中国特色社会主义制度、贯彻中国特色社会主义法治理论,"这三个方面实质上是中国特色社会主义法治道路的核心要义,规定和确保了中国特色社会主义法治体系的制度属性和前进方向"。

我们注意,在这"五个坚持"和"三大核心要义"中,两次都提到了"坚持党的领导",并且都列在第一位。这是因为法治需要前进方向,党的领导是法治的政治保证。

政治是法治的前提,政治方向决定着法治的方向。不管多么自诩为超越政治的法治,其立脚之处一定是特定的政治土壤,不是这一种就是那一种。中国特色社会主义政治发展从根本上决定着中国社会法治建设的目标、价值与形态,决定着中国特色社会主义法治道路的前进方向。

我们讲法治建设是为了人民、依靠人民、造福人民、保护人民,是要保证人民当家做主,发展社会主义,是着眼于实现基于人民立场的公平正义。如何做到这一切,把党的领导贯彻到依法治国全过程和各方面是最根本的保证。人民是依法治国的主体,但这一主体地位只有在中国共产党的领导下才能得到真正保障,变为现实的政治力量;人民是依法治国的力量源泉,但这一力量也只有在中国共产党的领导下才会组织起来,浩浩荡荡,众志成城。

为什么坚持中国共产党的领导能解决制度和法律背后更为深层的问题,在于中国共产党的性质,在于中国共产党的信仰。马克思主义告诉我们,判断一个政党的性质,最主要的是看它的纲领和路线代表什么人的利益。也正是有了这一切,才使得中国共产党成为当之无愧的先进政党、优秀政党。关于这一点,恩格斯说得很透彻:"一个新的纲领毕竟总是一面公开树立起来的旗帜，而外界就根据它来判断这个党。"① 在一个代表了社会发展大方向，代表了人民群众根本利益的政党领导之下，中国社会的法治建设就有了正确的前进方向，不再是就法治论法治。

这些年来，中国社会不断有各种各样关于"宪政"的论调，只要中国共产党一提遵守宪法，维护宪法权威，保障宪法实施，马上就会有人往"宪政"的路上引，还美其名曰"以子之矛，攻子之盾"，用中国共产党的话堵中国共产党的嘴。可是这次四中全会不仅主题是依法治国，更是把"坚持依法治国首先要坚持依宪治国，坚持依法执政首先要坚持依宪执政"的要求浓墨重彩地突出出来。但耐人寻味的是在会议结束后这么长时间里，却几乎没有听到关于"宪政"的公开论调。为什么？正是中国共产党对中国特色社会主义法治道路的坚定坚持与明确阐述的结果。习近平总书记讲："在走什么样的法治道路问题上，必须向全社会释放正确而明确的信号，指明全面推进依法治国的正确方向，统一全党全国各族人民认识和行动。"② 中国共产党已经把中国特色社会主义法治道路的原则、要义、决心表述得如此清楚，再揣着明白装糊涂去鼓吹什么"宪政"的陈词滥调恐怕连自己都不好意思了。

（三）鲜明的价值追求

法治本身就是人类社会最可宝贵的价值追求。我们把"法治"作为社会主义核心价值观中的重要内容之一，表达的正是对法治价值的高度认可。但法治中国绝不是为法治而法治，法治价值从来不是也不能是抽象的，一定要与经济社会发展的目标相一致，并且体现在具体的国家治理、政治发

---

① 《马克思恩格斯选集》第 3 卷，人民出版社 1995 年版，第 325—326 页。
② 习近平：《关于〈中共中央关于全面推进依法治国若干重大问题的决定〉的说明》，《人民日报》2014 年 10 月 29 日。

展、社会进步与人民幸福的实践中。因此，在今日中国社会，依法治国有极其具体而又明确的价值追求，这就是十八届四中全会提出的"四个维护"：坚决维护宪法法律权威，依法维护人民权益、维护社会公平正义、维护国家安全稳定。

——宪法法律的权威是法治的前提。

区别现代法治社会与传统法律社会的关键性标志就在于法律在社会中是否有权威。在人类社会发展的进程中，有很多封建帝王君主甚至包括奴隶主也标榜法律，其所制定的法律甚至门类还很齐全，但他们是把法律作为工具去管制别人，把法制作为手段来牟取私利。法律在他们面前是没有权威的，是儿戏、是把戏、是闹剧，所以有法律而无法治。只有进入现代社会，法律从皇权王权中剥离出来获得了权威，法治才有了前提。

建设法治中国要维护法律的权威，更要维护作为法律之宗、法律之本的宪法的权威。关于这一点，习近平总书记在首都各界纪念现行宪法公布施行30周年大会上讲得明确而坚定、有力而坚决："维护宪法权威，就是维护党和人民共同意志的权威；捍卫宪法尊严，就是捍卫党和人民共同意志的尊严；保证宪法实施，就是保证人民根本利益的实现。"

维护宪法法律权威，一定要把宪法法律当作一个整体，全面遵循宪法法律的要求，完整体现宪法法律的精神，不能断章取义，不能各取所需。现在有一些社会群体口口声声讲宪法法律，但在他们口中的宪法法律却是任他们打扮的小姑娘，合他们意的就大讲特讲，比如宪法第十三条"公民的合法的私有财产不受侵犯"；不合他们意的就闭口不说，甚至自己不说还不让别人说，比如宪法第十二条"社会主义的公共财产神圣不可侵犯"。保护公民合法私有财产不受侵犯，这是现代文明社会最基本的要求，当然应该讲；但是保护社会主义的公共财产神圣不可侵犯，这是社会主义国家的本质要求，更需要向社会、向公民讲清楚。这样一种现象很明显不是在真正维护宪法法律的权威，对此我们一定要予以高度警觉。

——人民权益是法治的根本。

马克思在谈民主制国家的时候,特别强调:"不是人为法律而存在,而是法律为人而存在;在这里法律是人的存在,而在其他国家形式中,人是法定的存在。"① 民主制国家的类型或许很多,人民当家做主的性质与特点让中国社会当之无愧位列其中。正因为如此,人民的权利、权益不仅是中国法治的出发点,也是中国法治的重要着力点。我们要依法保障全体公民享有广泛的权利,保障公民的人身权、财产权、基本政治权利等各项权利不受侵犯,保证公民的经济、文化、社会等各方面权利得到落实。排斥最广大群众在外的、少数精英群体自娱自乐的法治模式在中国社会不具有政治合法性,也注定得不到最大多数群众的支持。

在此需要特别提出的是,权利不具体到个体难以落实,但权利不从整体考虑则丧失了前提。中国特色社会主义法治要把保障每一个中国人个体的权利落到实处,就一定要先保障个体背后群体的权利。如果人民群众作为一个整体在社会中的地位不能从政治层面上得到切实的认可与保障,个体的权利也就成了无源之水、无本之木。这也就是中国特色社会主义法治道路把坚持人民主体地位作为重要原则提了出来的原因所在。

——公平正义是法治的灵魂。

公平正义是一个社会赖以存在、运行、发展、繁荣的基础性条件,也是法治最突出的价值指向。不能矫正社会自然发展中出现的不公平不正义已是法治的遗憾,因为法律安排和法律程序导致不公平不正义更是法治的耻辱。应该说在现代社会中这两种类型的不公平不正义都客观存在,我们把维护社会公平正义明确提了出来,不仅是对法治的期待,更是对法治的要求。

当然,在不同发展水平上,在不同历史时期,不同思想认识的人,不

---

① 《马克思恩格斯全集》第3卷,人民出版社2002年版,第40页。

同阶层的人，对社会公平正义的认识和诉求也会不同。对于经过数十年快速发展转型进入新常态的中国社会，具体而不是抽象的、真实而不是虚幻的公平正义，最根本的指向就是促进共同富裕。邓小平讲过，"社会主义最大的优越性就是共同富裕，这是体现社会主义本质的一个东西"①。离开了共同富裕谈公平正义是不彻底的公平正义，不着眼于共同富裕的公平正义是打了折扣的公平正义，法治中国的建设一定要从最基本的制度安排、最根本的法律设计上体现这一价值要求。在此基础上，我们还要依法公正对待人民群众的诉求，努力让人民群众在每一个司法案件中都能感受到公平正义，绝不能让不公正的审判伤害人民群众感情、损害人民群众权益。

——国家安全稳定是法治的价值底线。

法治指向秩序，秩序形成安全，法治不是也不可能与国家社会的安全稳定相对立。尤其当前我国国家安全内涵和外延比历史上任何时候都要丰富，时空领域比历史上任何时候都要宽广，内外因素比历史上任何时候都要复杂，维护安全稳定的挑战也丝毫不比历史上任何时候轻松。依法治国一定要服务于国家总体安全，为"以人民安全为宗旨，以政治安全为根本，以经济安全为基础，以军事、文化、社会安全为保障，以促进国际安全为依托的中国特色国家安全道路"提供坚强有力的法治保障，而不是也不能抽象地谈论超历史、超现实的法治价值。我们不能被西方发达国家的所谓"人权高于主权"的论调牵着鼻子走。正所谓，"皮之不存，毛将焉附"。在现实的国际环境中，没有完整、全面、坚强的国家主权做保障，所谓的人权只能是一厢情愿的呓语。试想现在国际社会中那些处于国家动乱之中的民众，西方发达国家许诺给他们的人权究竟何在？

这"四个维护"是贯穿法治中国政策设计和制度安排的基本要求，只有这样，才能让依法治国的方略成为实现"两个一百年"奋斗目标、实现

---

① 《邓小平年谱（1975—1997）》（下），中央文献出版社2004年版，第1324页。

中华民族伟大复兴的中国梦的可靠法治保障。中国社会之所以对法治提出这样具体而清晰的价值要求，是因为"社会不是以法律为基础的。那是法学家们的幻想。相反地，法律应该以社会为基础。法律应该是社会共同的、由一定物质生产方式所产生的利益和需要的表现，而不是单个的个人恣意横行"①。马克思一百多年前的话语对于今日中国社会依然是黄钟大吕。

（四）全面的法治体系

早在20世纪90年代中后期，中国共产党的十五大上就提出建设社会主义法治国家的目标，并在随后把依法治国作为党领导人民治理国家的基本方略写入宪法。经过十多年的实践践行，中国社会在迈向法治国家的道路上取得了极为丰硕的成果。2011年3月10日，十一届全国人大常委会委员长吴邦国在第十一届全国人民代表大会第四次会议上做工作报告时宣布："一个立足中国国情和实际、适应改革开放和社会主义现代化建设需要、集中体现党和人民意志的，以宪法为统帅，以宪法相关法、民法商法等多个法律部门的法律为主干，由法律、行政法规、地方性法规等多个层次的法律规范构成的中国特色社会主义法律体系已经形成。"②

但是法律体系的建成并不等于法治国家的建成，仅仅有法律体系是不够的。全面推进依法治国是一个系统工程，不仅要有法可依，更要让法律在经济社会发展的全过程发挥作用。因此，十八届四中全会把全面推进依法治国的总目标扩充为两句话，在"建设社会主义法治国家"前面加上了"建设中国特色社会主义法治体系"，并且明确提出中国特色社会主义法治

---

① 《马克思恩格斯全集》第6卷，人民出版社1961年版，第291—292页。
② 吴邦国：《第十一届全国人民代表大会第四次会议上的工作报告》，新华网，http://news.xinhuanet.com/politics/2011lh/2011-03/18/c_121203794.htm，2011年3月18日。

体系由五大体系——完备的法律规范体系、高效的法治实施体系、严密的法治监督体系、有力的法治保障体系以及完善的党内法规体系组成。习近平总书记把建设中国特色社会主义法治体系称为"总抓手":"全面推进依法治国涉及很多方面,在实际工作中必须有一个总揽全局、牵引各方的总抓手,这个总抓手就是建设中国特色社会主义法治体系。依法治国各项工作都要围绕这个总抓手来谋划、来推进。"[1] 把这五大体系建设好了,也就解决好了建设社会主义法治国家进程中科学立法、严格执法、公正司法、全民守法以及依规治党这些重大而基本的问题。

——科学立法,形成完备法律规范体系的源头活水。

截至2013年,我国有243部现行有效法律,680多件国务院制定的现行有效行政法规,8000余件地方性法规和其他立法确认的具有法律性质的规范性文件。从数量上说已不算少,称之为中国特色社会主义法律体系名副其实。但是法律体系只有更完备没有已完备,随着经济社会的发展,法律必须不断充实、修改、丰富、发展,科学立法依然任重道远。比如,贯彻落实总体国家安全观,加快国家安全法治建设,抓紧出台反恐怖等一批急需法律,推进公共安全法治化,构建国家安全法律制度体系;又比如,用严格的法律制度保护生态环境,加快建立有效约束开发行为和促进绿色发展、循环发展、低碳发展的生态文明法律制度等。

在此需要特别提出的是,科学立法不仅体现在遵循立法规律,增强法律法规的及时性、系统性、针对性、有效性,降低立法成本,避免立法浪费,把公正、公平、公开原则贯穿立法全过程,更要体现在站对、站稳立法立场,在立法中恪守以民为本、立法为民的理念,使每一项立法都符合宪法精神、反映人民意志、得到人民拥护。

——严格执法,建设高效法治实施体系的"先手棋"。

---

[1] 习近平:《关于〈中共中央关于全面推进依法治国若干重大问题的决定〉的说明》,《人民日报》2014年10月29日。

法律在实施中彰显存在，又在实施中确立权威。我国各级行政机关是实施法律法规的重要主体，据统计80%以上的法律和法规都是通过行政机关的具体职能活动来实施的。这样一种法治实施模式与状态对行政机关严格执法提出了很高的要求。没有行政机关的严格执法，高效法治实施体系就不可能开好头起好步。

严格执法要通过深化行政执法体制改革来实现，比如十八届四中全会提出的健全行政执法和刑事司法衔接机制，建立健全行政裁量权基准制度，完善纠错问责机制等一系列制度安排，就旨在把执法者装进制度的笼子里，既不能以权压法、以身试法，也不能法外开恩、徇情枉法。在体制改革的基础上再纵深一步就是建设法治政府，这是严格执法、形成高效法治实施体系的基础工程。之所以出现选择性执法、寻租执法、钓鱼执法等现象，之所以行政权力可以任意膨胀、政府责任可以随意消解，根本原因在于政府角色定位有误。通过建设职能科学、权责法定、执法严明、公开公正、廉洁高效、守法诚信的法治政府，把政府的定位科学化、事权规范化、行为法治化，法治实施体系就有了一个新的起点。

——公正司法，为法治监督体系筑就正义底线。

公正司法是维护社会公平正义的最后一道防线，要让人民群众在每一个司法案件中都感受到公平正义，严密的法治监督体系不可或缺。法治监督体系旨在要求司法既不能受权力的干涉，也不能内部腐败"吃了原告吃被告"。司法不受权力干涉就要强化确保依法独立公正行使审判权和检察权的制度，独立本身就是最大的监督，尤其是当建立起领导干部干预司法活动、插手具体案件处理的记录、通报和责任追究制度，更会让那些试图以言代法、以权压法、徇私枉法的领导干部心存忌惮，"手莫伸，伸手必被捉"。至于说推进以审判为中心的诉讼制度改革，实行办案质量终身负责制和错案责任倒查问责制，以及完善检察机关行使监督权的法律制度，加强对刑事诉讼、民事诉讼、行政诉讼的法律监督，完善人民监督员制度等，是着眼于彻底消除法外开恩，办关系案、人情案、金钱案的司法痼疾。

——全民守法，夯实法治保障体系的社会基础。

只有全民守法才是真正意义上的法治社会，而全民守法离不开法治保障体系。法治保障体系首先要在让人民群众信仰法治上下功夫。"法律的权威源自人民的内心拥护和真诚信仰。"写在纸上的法律不一定管用，深入人民心里的法律才有力量。法律如何才能深入人心，让人民群众真信？法律必须对人民群众确实有好处，能够切实保障他们的权利，而不仅仅是管制约束。当绝大多数群众感觉到他的权利能够通过法治得到充分的保障，甚至不曾知晓的权利通过法治得到了、丰富了、拓展了，能不相信法治吗？同时，法治保障体系要夯实基础。毋庸讳言，通过司法途径维权成本很大，程序也烦琐、复杂，普通群众没精力也没时间动不动跟别人上法庭打官司。通过多层次多领域依法治理，特别是深化基层组织和部门、行业依法治理，支持各类社会主体自我约束、自我管理，发挥市民公约、乡规民约、行业规章、团体章程等社会规范在社会治理中的积极作用，就可以把很多的法律争端与法律诉求消化在走向司法程序之前。当法治保障体系把这些都做到的时候，全体人民自然就会成为社会主义法治的忠实崇尚者、自觉遵守者、坚定捍卫者，全民守法也就水到渠成。

——依规治党，完善的党内法规体系是制度基础。

党的领导是社会主义法治最根本的保证。如何让党的领导在全面推进依法治国的历史进程中得到有力的体现、充分的保证？打铁先得自身硬，政党从思想到行为要适应依法治国的要求。在这一过程中首要的就是让中国共产党成为像习近平总书记所要求的"有规矩"的政党。

我们要通过加强党内法规制度建设，完善党内法规制定体制机制，形成配套完备的党内法规制度体系，运用党内法规把党要管党、从严治党落到实处，促进党员、干部带头遵守国家法律法规，提高党员干部法治思维运用能力和依法办事能力，增强政党依法执政的能力和水平。

形成配套完备的党内法规制度体系,要以党章为根本依据。党章是总规矩,是总原则、总要求。同时经过进一步的制度细化,把这一系列"总"切实体现在政党的执政实践中。比如,围绕保障党员权利、发展党内民主、改革用人制度、加强基层组织、推进作风转变、规范权力行使、严明党的纪律、强化党内监督等方面,都依照党章总规矩来制定出一系列更有针对性、指导性和可操作性的"分规矩",使党依法执政的制度基础更加巩固。

结　语

实践逻辑首先表现为实然,法治中国就是这样一步一步走了出来的,就是这样在破解一个一个问题中成熟完善的。那些戴着有色眼镜说中国法治这也不对那也不行的人,只能沉湎于法治乌托邦中,是走不进真实世界的。但是,实践逻辑也一定是内含并体现应然要求的,法治中国的建设不会也没有背离法治的基本规律、基本价值,对法治性质的强调、对法治道路的自觉、对法治功能的清醒等,体现的都是对法治建设基本规律的自觉遵循与运用。应然与实然的有机统一塑造出了法治中国的实践逻辑,也开启了建设法治中国的新时代。

◇四　核心要义背后的法治逻辑

中国共产党的十八届四中全会不仅旗帜鲜明地重申坚定不移走中国特色社会主义法治道路,更对中国特色社会主义法治道路进行了深入的阐述。习近平总书记在做《决定》说明的时候,明确指出坚持党的领导,坚持中国特色社会主义制度,贯彻中国特色社会主义法治理论,是中国特色社会主义法治道路的核心要义。为什么是这三者构成了"核心要义",在其背后究竟蕴含着什么样的法治逻辑。弄清楚这些问题，会让我们对中国特色社会主义法治道路更加自觉、更有自信。

（一）法治需要前进方向，党的领导是法治的政治保证

法治本身也有其核心要义，就是保障人的权利，实现社会公平正义。但是保障人的权利不能是一句空洞的话，公平正义也不能是抽象的说辞。一个人以及他所属的社会群体在社会中的政治地位不同，其权利的性质、内容就会有天壤之别；一个社会基本制度属性不同，对公平正义的认知也大相径庭。所以说到底，政治是法治的前提，政治方向决定着法治的方向。不管多么自诩为超越政治的法治，其立脚之处一定是特定的政治土壤，不是这一种就是那一种。中国特色社会主义政治发展从根本上决定着中国社会法治建设的目标、价值与形态，决定着中国特色社会主义法治道路的前进方向。

对于中国社会这样一个有着13亿人口，而且其中绝大多数是普通工人、农民的国度中，法治建设必须坚持以保障人民根本权益为出发点和落脚点，保证人民依法享有广泛的权利和自由、承担应尽的义务。排斥最广大群众在外的、少数精英群体自娱自乐的法治模式在中国社会不具有政治合法性，也注定得不到最大多数群众的支持。特别是中国特色社会主义法治要把保障每一个中国人个体的权利落到实处，就一定要先保障个体背后群体的权利。如果人民群众作为一个整体在社会中的地位不能从政治层面上得到切实的认可与保障，个体的权利也就成了无源之水、无本之木。这也就是十八届四中全会把坚持人民主体地位作为重要原则提了出来的原因所在。

对于正处在大变革、大发展而且社会结构深刻调整的中国社会来说，维护社会公平正义是最大的挑战，也是最大的诉求。但在当代中国社会，具体而不是抽象的、真实而不是虚幻的公平正义，最根本的指向就是促进

共同富裕。邓小平讲过,"社会主义最大的优越性就是共同富裕,这是体现社会主义本质的一个东西"。离开了共同富裕谈公平正义是不彻底的公平正义,不着眼于共同富裕的公平正义是打了折扣的公平正义。

如何才能真正做到法治建设为了人民、依靠人民、造福人民、保护人民,做到保证人民当家做主,发展社会主义,实现基于人民立场的公平正义,把党的领导贯彻到依法治国全过程和各方面是最根本的保证。人民是依法治国的主体,但这一主体地位只有在中国共产党的领导下才有可能真正发挥出来,才可能依照法律规定,通过各种途径和形式管理国家事务,管理经济文化事业,管理社会事务;人民是依法治国的力量源泉,但这一力量也只有在中国共产党的领导下才会组织起来,才能绵绵不绝,势不可当。

为什么我们可以对中国共产党的领导有如此之高的期待,为什么党的领导能解决制度和法律背后更为深层的问题,在于中国共产党的性质,在于中国共产党的信仰。马克思主义告诉我们,判断一个政党的性质,最主要的是看它的纲领和路线代表什么人的利益。世界上成千上万的政党,只有中国共产党把"没有自己的利益"写入政党党章,只有共产党人敢说自己是特殊材料做成的人,只有共产党把实现人自由全面发展的共产主义社会作为奋斗目标。因为这一切是其他任何政党做不到也不准备这样做的。也正是有了这一切,就使得中国共产党成为当之无愧的先进政党、优秀政党。

在一个代表了社会发展大方向,代表了人民群众根本利益的政党领导之下,中国社会的法治建设就有了正确的前进方向,不再是就法治论法治。

(二)法治离不开制度环境,中国特色社会主义制度是法治的制度保障

法治是国家治理体系和治理能力的重要依托,是通过提供制度化方案

来实现对国家的治理。因而法治必然是对既定社会制度框架的法治化，是对社会制度的维护与改良，不是对社会制度的否定与颠覆。离开了特定的社会制度，法治就失去了其赖以运行的基础；抛开社会制度搞法治是买椟还珠。对于今日中国社会的法治建设来说，这一制度基础就是中国特色社会主义制度。

中国特色社会主义制度是经过数十年的社会主义制度的自我完善和发展，在经济、政治、文化、社会等各个领域形成的一整套相互衔接、相互联系的制度体系。在这一体系中，既有根本政治制度、基本政治制度、基本经济制度，又有建立在根本政治制度、基本政治制度、基本经济制度基础上的经济体制、政治体制、文化体制、社会体制等各项具体制度，包括中国特色社会主义法律体系。不同层面、不同类型的制度各司其职，有机协调，规定了中国的国体与政体，确定了中国的国家基本形态和社会基本结构，推动了中国特色社会主义事业的发展。

中国特色社会主义制度的内在机理与运行模式决定了它可以形成强大的统一意志和组织力量，让全国成为一盘棋，把一切经济、政治、社会资源都组织调动起来，同心同德、同舟共济、上下贯通、统一行动，重点攻关解决难题，快速高效应对各种突发事件、完成各种任务。中国特色社会主义制度统筹兼顾、求同存异，在消除不利于人民群众发挥积极性的不利因素，克服阻碍社会群体创新奋进的不良现象，营造各尽其能的氛围和环境，把各个社会阶层和社会群体的积极性和创造性充分调动起来等方面，创造了广阔的制度空间，提供了有效的制度保障。全面推进依法治国是要通过法治化更有力、更有效、更好地发挥中国特色社会主义制度的这些优越性，而不是分庭抗礼、推倒重来、另起炉灶。

我们之所以强调对中国特色社会主义制度的坚持，是要保持法治与制度的内在一致性。同一制度系统内的各种制度必须具有逻辑上的一致性，不同制度系统间的制度不能简单"拿来"，否则会出现制度之间相互冲突、相互抵消的状况。制度之间的冲突,不仅使得制度本身失效,还会严重影响制度的权威性与制度存在的理由。如果我们把西方社会法治系统中的那些多党轮流执政、"三权分立"、两院制等制度,不加改造地简单照抄照搬,不仅于事无补,还会引狼入室,造成我们自己的制度系统紊乱,进而引发社会混乱。

中国特色社会主义制度之所以能在中国社会获得成功,在于中国特色社会主义制度主要是属于自然演化出来的制度,而不仅仅是设计出来的制度;是内生制度,而不是外来嫁接的制度。中国特色社会主义制度不搞制度"大跃进",不搞制度"乌托邦",不抽象地对待制度,把制度建设建立在对社会发展规律的深刻把握与运用之上,建立在对中国社会发展阶段的清醒认知之上,建立在中国特色社会主义火热的实践之上。法治中国的建设同样需要如此。只有着眼于完善中国特色社会主义制度,紧紧依靠中国特色社会主义制度的保障,中国特色社会主义法治道路才会越走越宽广。

(三)道路要用道理正名,中国特色社会主义法治理论是法治的理论支持

毛泽东曾讲过一句话:"实践当中是要出道理的。"[①] 走中国道路,当然会形成中国道理。中国不仅要为世界贡献"中国道路",还要为世界贡献"中国道理"。中国特色社会主义法治理论就是从中国基本国情出发,同改革开放不断深化相适应,总结和运用党领导人民实行法治的成功经验,围绕社会主义法治建设重大理论和实践问题,所进行的法治理论创新,是符合中国实际、具有中国特色、体现社会发展规律的社会主义法治理论。因而,中国特色社会主义法治理论不仅是中国特色社会主义法治体系的理论

[①] 毛泽东:《在八大二次会议上的讲话》,《建国以来毛泽东文稿》第 7 卷,中央文献出版社 1992 年版,第 206 页。

指导和学理支撑，也是全面推进依法治国的行动指南。贯彻中国特色社会主义法治理论不是为了拉大旗作虎皮，而是着眼于破解法治建设中的实践难题，增强迈向法治中国征途中的道路自信。

比如，中国特色社会主义法治理论关于依法治国与以德治国关系的认识，让中国特色社会主义法治道路更加全面、更加科学。

曾有人讲，在依法治国大背景下谈道德，不仅没有必要还很不合时宜。此语大谬。首先，"法治"的对立面是"人治"而不是"德治"，更重要的是没有道德的根基、没有价值的共识，法治只能是一厢情愿的呓语，治国更是沙滩上的楼阁。

"德"，概而言之，就是一个国家、一个社会、一个人在发展、进步、演化、成长过程中积淀下来的文明、精神、价值、信念、规范等的总和。德不同，思维方式、行为模式、价值判断、目标追求就不同。进入现代社会，"德"的经济、政治、社会功能更加凸显，已经成了争夺资源、吸引人心、抹黑对手的重要工具与手段，成了合法性、正当性的终极武器。当整个世界都认同一种价值观，都把一种行为当作所谓"德性""至善""正当"的时候，这种行为就占据了道德制高点，就会把一切资源都集聚到其大旗之下，使之具有了放之四海而皆准的优越感甚至实现感。现代西方社会之所以要把他们自己的、仅具有地方性意义的价值观包装为"普世价值"，其实就是想把其行为模式以及与之相关联的制度模式，说白了就是资本主义社会的生产生活方式，洒向全球。

所以，国家和社会治理需要法律和道德共同发挥作用。对国家治理和社会治理来说，法治与德治，犹如车之两轮、鸟之两翼，相辅相成、缺一不可。法治以其权威性和强制性规范社会成员的行为，德治以其约束力和规劝力支配社会成员的品行。一手抓法治、一手抓德治，既重视发挥法律的规范作用，又重视发挥道德的教化作用，以法治体现道德理念、强化法律对道德建设的促进作用，以道德滋养法治精神、强化道德对法治文化的支撑作用，实现法律和道德相辅相成、法治和德治相得益彰，方是国家治理现代化的正道。

又比如，中国特色社会主义法治理论关于坚持从中国实际出发与学习借鉴世界优秀法治文明成果关系的论述，让我们对走中国特色社会主义法治道路更加自觉、更有自信。

中国社会与西方社会有着不同的发展历程，不同的发展路径、不同的发展条件、不同的发展结果，这一系列的"不同"必然导致另一系列的"不同"：不同的价值判断、不同的行为偏好、不同的思维方式、不同的技能素质，其中也包括不同的法治道路。中国特色社会主义法治道路不是从天上掉下来的，是中国共产党和中国人民历尽千辛万苦、付出各种代价取得的根本成就。在这个意义上，"特色"不是一种借口，而是一种本能、一种必然。

中国特色社会主义法治理论就是要把这些道理讲清楚，中国特色社会主义法治理论也把这些道理讲清楚了。道路丰富道理，道理助力道路，在理论与实践的良性互动中，法治中国的道路必将越走越宽。

第 五 章

战略支撑：全面从严治党

中国共产党十八大以来，党的建设始终贯穿一个很明确的主题，就是从严治党。2014年12月，习近平总书记在江苏考察时，又在"从严治党"前面加了"全面"两个字。"全面"这两个字加得很关键，也很必要。早在20世纪80年代初，邓小平就提出我们这个党该管了。30多年过去了，邓小平当年面对的很多问题尚未完全解决，邓小平当年没有遇到的问题现在也出现了，甚至更严峻、更复杂。在这样的背景下，要想把从严治党真正落到实处，就必须在"全面"上做文章、下功夫。全面始能从严，从严更要全面。

全面从严治党，从转变作风入手，通过反腐败发力，用制度作保障，用信仰塑灵魂，从小到大、从外到内，标本兼治、固本培元，构成了中国共产党党的建设新常态。

◇一 守住政党的生命线

贯彻党的十八大关于围绕保持党的先进性和纯洁性，在全党深入开展以为民、务实、清廉为主要内容的党的群众路线教育实践活动，着力解决人民群众反映强烈的突出问题，提高做好新形势下群众工作能力的要求，中共中央决定从2013年下半年开始,用一年左右时间,在全党自上而下分批开展党的群众路线教育实践活动。这是新形势下坚持党要管党、从严治党的重大决策,是保持党的先进性和纯洁性、巩固党的执政基础和执政地位的重大部署,是顺应人民群众新期待、推进中国特色社会主义伟大事业的重大举措。这三个"重大"既凸显出了教育实践活动的意义与地位,又对搞好教育实践活动提出了更高要求。

(一)搞清楚谁是群众,如何联系群众

这些年来的经验与教训告诉我们,教育实践活动"实"最重要,"实"也最难。要把群众路线教育实践活动不空、不虚、不偏地落到实处,首先要在思想上清醒、明白、不糊涂。因此,搞清楚"谁是群众,如何联系群众"这一基本问题是群众路线教育实践活动的第一课。

谁是群众,群众在哪里?猛一听,这好像不应该成为问题,在中国社会每一个人都会回答,不管是谁都认为自己知道。但真是这样吗?哲学上有句话:"熟知并非真知。"

曾有部委机关领导干部讲,没有群众就没有选票,没有选票就没有进步,所以我很注意联系群众;还有地方干部讲,没有老板就没有钱包,没有钱什么也干不了,所以我经常要联系他们。

这是在联系群众吗?还真不能说不是;但这就叫联系群众吗?好像又有些不对味。之所以会出现这种似是而非的问题,是因为联系群众不能想当然,真正的群众要具备三个特点:

第一,最大多数,人民群众必须是中国社会最大多数的群体。

具体到党员干部来说,真正的群众就是我们职责范围所涉及的群体。在中央国家机关工作的党员干部,他所面对的群众就是全国人民;在省、市、县机关工作的党员干部,面对的群众就是各自守土一方造福一方的人

民。群众绝不能仅仅是机关大院、本单位本部门那几十个人、几百个人，也不能就是有钱的老板商人。

之所以一些党员干部容易把联系少数人、联系小圈子当作联系群众，是因为搞小圈子效果立竿见影，尤其是在既有的社会运行体制下，少数人具有行动的经济性。打个比方，把一个亿给了一个人，这个人就成了亿万富翁，他当然会感恩戴德，甚至还会有"回扣"；但是分给13亿人，每人不到一毛钱，可能什么感觉都没有。

想当年，国家减免了农业税，搞了新型农村合作医疗，这本是利国利民的大好事，但表现在社会舆论层面说好的不多，说怪话的不少。为什么？对于6亿农民来说，这是好事，但具体到每一个农民，区区几百块钱总不能让我放下手里的活、敲锣打鼓满大街去歌功颂德吧，更何况这本来就是政府早该做的事情；而对于那些再不能借此巧立名目、占点便宜、捞点好处的人来说当然非常不乐意了，而他们往往又是"嘴巴大"的人，说怪话也有平台与渠道。

共产党的干部做事当然希望群众说我们好，但不能就为了听好话才去干事。共产党人不能是生意人，就是算账也要从整个经济社会发展进步的层面算大账，而不能满足于少数人得了便宜后廉价的甜言蜜语。

因此，群众绝对不是小群体，群众更不能是小圈子；搞小圈子是对群众的最大伤害，把搞小圈子当作联系群众是南辕北辙。甚至有些时候在某一局部或某一区域内会出现压倒性的多数群体，但对这样的多数性也要做客观分析。要警惕犯以偏概全的错误，一定不能把局部区域的"多数"当作真正的大多数。

第二，共同利益，人民群众是共同利益的代名词。

在西方社会描绘群众的话语往往是"乌合之众""群氓之徒""一堆土豆"等，最好听的说法不过是"大众"。讲利益的时候往往是孤立个体的利益或这个阶层、那个群体的利益。

而"群众"是马克思主义政治的专用话语,是对社会阶级与阶层属性的政治整合。因此,在中国社会,群众既是社会中活生生的每一个具体的人,又是社会政治话语中表示最大共性集合体的概念。这是中国社会与西方社会一个很重大的区别。

认识不到这一点,我们的党员干部就会陷入今天满足这部分群众利益,明天满足那部分群众利益的行为怪圈。按倒葫芦起了瓢,顾此失彼,整天疲于奔命不仅不落好还会引发更多的问题。

在群众问题上,既要看到树木,更要看到森林。固然,不能满足群众具体而又有分别的利益的党员干部是无能之辈;但看不到共同利益、不能把社会群体引导凝聚到共同利益上的党员干部,轻则搬起石头砸自己的脚,重则是"为他人作嫁衣裳",进而会败坏我们的事业。

习近平总书记曾引用唐宋八大家之一欧阳修的一句话"得其大者可以兼其小"来讲中国梦,这对于我们认识群众、找到群众同样有很大的启示意义。在利益分化的转型社会找出共同利益、维护共同利益确实很难,但更珍贵,也更紧迫。没有共同利益就不会有共同的事业,就不可能有共同的梦想,也不会有能凝聚起来的群众。而当共同利益实现的时候,各自有差别的利益也就顺理成章了。所以,总书记讲"国家好、民族好、大家才好","大家"这个词意味深长。"大家"就是我们的群众,群众就是整合了阶级与阶层的"大家"。

第三,进步方向,人民群众是代表社会发展进步方向的历史主体。

我们现在一些党员干部热衷于联系有钱人,联系老板,这不能说就是错。在社会主义初级阶段,有钱人、老板把他们的钱拿出来推动经济发展也是一件好事,他们本身也是我们所讲的"群众"中很重要的组成部分。

但是,人是生产力,科学技术是生产力,资本不能也不可能是生产力。因此,在社会主义社会,人民群众的主体究其根本必须是社会主义劳动者。社会主义初级阶段不排斥资本的积极作用,社会主义初级阶段客观存在社会主义建设者,但社会主义建设者迟早也要、也会主动走向并成为社会主义劳动者。在正确处理劳动与资本、劳动者与建设者的关系方面,共产党人没有必要遮遮掩掩,更不能本末倒置。

把这三个特点综合起来概而言之,群众就是代表进步方向的有共同利益的最大多数。联系群众不能以偏概全,不能只见树木不见森林,更不能本末倒置。每当我们联系群众的时候,不妨拿这个标准测一测,看看是不是联系了真群众。想当然地去代表群众、想当然地认为代表了群众是要出大问题的,但这正是我们一些党员干部目前最大的问题。

可能有的人会说,你这种做法是不是把党员干部划到了群众外面去了,难道党员干部就不是群众吗?这个问题问得好。党员干部与群众是一种辩证的关系。究其本质,党员干部是群众,我们本来就是来自群众;但是看党性,党员干部又不是群众,而是有信仰的先进分子。论权利,党员干部是群众,我们与群众拥有同样的政治经济文化权利,我们除了为人民服务的权利外,没有任何特殊的权利与权力;但是讲责任,党员干部又不是群众,我们要勇于担当,率先奉献。不丢群众立场,不逃避先进义务,党员干部这种既是群众又不是群众的定位,"鱼水关系"而不是"油水关系"也客观上决定了党员干部既有联系群众的必要,又有联系群众的可能。

(二) 把教育实践活动的主要任务聚焦到作风建设上

教育实践活动关键要"实","实"就是要解决问题。解决问题要有突破口与切入点,反对不良作风就是突破口与切入点;解决问题要抓主要矛盾和矛盾的主要方面,作风建设就是其主要任务。

作风是党的性质、宗旨的外化,直接而深刻地反映了党对人民群众的态度。90多年来,优良作风一直是中国共产党的骄傲与标志,但是随着执政时间的拓展，也潜滋暗长了一些不良的作风，这集中表现在形式主义、官僚主义、享乐主义和奢靡之风这"四风"上。

什么是形式主义？文山会海、贪图虚名、弄虚作假、工作不实。有人曾给形式主义画了一幅像：方案计划一大堆，说过听过不落实；目标要求常翻新，就在文件报告中；工作过程很热闹，实际问题没解决。更有甚者，反形式主义本身都蜕变为一种新的形式主义。我们过去一些学习教育实践活动就曾出现过"认认真真走过场，踏踏实实搞形式"的现象，在这次的教育实践活动中一定要引以为戒。

什么是官僚主义？毛泽东曾经一口气列了20种，诸如高高在上孤陋寡闻、强迫命令式、无头脑迷失方向事务主义、老爷式、颠顸无能、糊涂无用懒汉式等。所有这些在今天一些党员干部身上都有或明或暗、或强或弱的表现。我们有些领导干部腰弯不下来，架子放不下来，不懂装懂，不会装会；有的总以为自己比群众高明，颠倒了与群众的关系，习惯于对群众指手画脚；有的觉得自己学历高、知识多，无所不知，无所不能。对于这种现象，毛泽东早就提出警告：党的干部"没有满腔的热忱，没有眼睛向下的决心，没有求知的渴望，没有放下臭架子、甘当小学生的精神，是一定不能做，也一定做不好的"[①]。

什么是享乐主义和奢靡之风呢？这本是我们最不需要说的问题，因为中国共产党的性质决定了我们与"享乐奢靡"根本就是绝缘的，但现在却成了一个突出的问题。贪图享受、及时行乐、铺张浪费、挥霍无度、骄奢淫逸等，不一而足。比如，一个地方的小学那么破破烂烂，而那个地方的政府大楼却相当气派宏大豪华；比如，老百姓刚刚甚至还没有完全解决温饱，我们的一些干部却讲排场、讲待遇，超标车、数套房，整天花天酒地，花出天文数字的"三公经费"；有些地方甚至出现了所谓"干部经济"现

[①] 《毛泽东选集》第3卷，人民出版社1991年版，第790页。

象。什么叫干部经济，在一个贫困县，如果县里的干部不去消费，那么当地的一切消费乃至服务经济全部垮掉。这说明什么，那里的干部消费竟然已经成为拉动经济的重要支柱。这种荒谬现象的背后是什么，就是奢靡之风啊！

固然相对于中国共产党的先进性与纯洁性来说，这充其量也就是宝珠蒙尘，是太阳的黑子，但是对于这诸种不良作风，群众是看在眼里恨在心中，如果不对这些作风之弊、行为之垢来一次大排查、大检修、大扫除，迟早会养痈遗患，招致灭顶之灾。

面对这些问题怎么办？伤其十指不若断其一指。集中力量，任务明确，在作风建设上打一场歼灭战，不仅可以有效遏制不良作风的蔓延，还可以为党内其他一些问题的解决创造有利条件。

（三）以整风精神开展批评和自我批评

教育实践活动落脚点在"践"，难点也在"践"。"践"就是不说空话、不放空炮，真正去做、身体力行。

一个政党不可能没有缺点，一个干部不可能不犯错误。尤其是对中国共产党这样一个已经连续执政60多年、又是唯一有资格执政的政党来说，缺点错误是不可避免的。有了缺点错误并不可怕，只要坚持批评与自我批评就可以防微杜渐，就可以未雨绸缪，就可以药到病除。

批评和自我批评是中国共产党一贯的优良传统作风，是纯洁党的组织、净化党员干部思想的重要武器，也是解决党内矛盾、推进党内民主的有效途径，还是超越区别于其他政党的重要标志之一。毛泽东同志还形象地把批评和自我批评比作"扫灰尘""照镜子""洗脸"，作为防止政治微生物侵蚀的有效方法。

可是近些年来，中国共产党内批评与自我批评的作风越来越淡漠了。

批评上级怕穿小鞋，批评同级怕伤和气，批评下级怕丢选票，自我批评怕丢面子。于是乎上级对下级和风细雨，下级对上级暖意洋洋，用中央文件的话来说就是"逢迎讨好、相互吹捧"。结果在你好我好一团和气中，矛盾越来越尖锐，问题越积越多以至于积重难返。政治学上有句名言，"当建设性的批评没有的时候，破坏性的批判就不远了"。

固然在党内开展批评与自我批评，不是为了个人私利相互攻击、诘难，也不是为了泄私愤、出怨气"乱扣帽子""乱打棍子"。但绝不能避重就轻，明贬实褒，正话反说，把党内生活庸俗化。要想"治治病"，不先"红红脸""出出汗"是不会有疗效的。整风是中国共产党保持先进与纯洁的重要法宝之一。这一法宝不能总是束之高阁，到祭出来的时候了。

我们要通过整风触动灵魂，开好民主生活会，开门搞活动。对马克思主义的信仰，对社会主义和共产主义的信念，是共产党人的政治灵魂。但现在已经有不少身份是"共产党员"但信仰不是"共产主义"的"失魂落魄"分子，在组织上入党了但在思想上没有甚至也不准备入党。对于这样的人，我们要大喝一声："同志，你危险了"，不在灵魂深处自我革命，就躲不过人民群众对你的革命。

我们还要通过整风触动利益，惩前毖后，治病救人。之所以在党的生活中出现了一系列与党的性质宗旨相背离的现象与行为，其背后是不正当的利益在作怪。早在1979年邓小平就指出："干部搞特殊化必然脱离群众。我们的同志如果对个人的、家庭的利益关心得太多了，就没有多大的心思和精力去关心群众了，顶多只能在形式上搞一些不能不办一办的事情。现在有少数人就是做官当老爷，有些事情实在不像话！脱离群众，脱离干部，上行下效，把社会风气也带坏了。"[①]

怎么办？不搞下不为例，不讲情有可原，违反了党章用党纪处理，违

---

① 《邓小平文选》第2卷，人民出版社1994年版，第218页。

反了国法用法律处理。有尘就扫，有病就治。如果已经化脓溃烂，该截肢就截肢，绝不能让坏肉感染了好的肌体。对于中国共产党来说，腐败现象犹如"宝珠蒙尘"，而不是"基因之癌"，腐败是一些党员领导干部行为的腐败不是党的腐败，中国共产党的领导干部不会都腐败。反腐败不会亡党，只会让党更坚强、更纯洁、更有凝聚力和感召力。因此，反腐败不要怕"亡人"，只要发现一个腐败分子，就要做到毫不留情，绝不手软。在全党和全社会表明一种态度与决心，党会把所有腐败分子都踢出去，这样腐败分子就不会再有侥幸心理。如果舍不得"亡人"，让腐败分子"绑架"了党，不仅党的形象会受拖累，党的存亡都面临挑战。

把"清廉"的要求做实做到位，"为民、务实"的要求才会也才可能做得更好。

（四）根本是要把人民群众放在心中最高位置

联系群众，说一千道一万，把人民群众放在心中最高位置是最根本的。人民群众最淳朴、最善良、最有感情，但同时人民群众也最有一说一、最敏感如斯、最眼睛里揉不得沙子，我们对群众是真心实意还是虚情假意，群众心如明镜。做到这一点，就能做到"三真"；做到"三真"，就能赢得人民群众的认同、支持与感情。

——真心去联系群众。人民群众是历史的创造者，离开了人民群众就没有历史的进步；人民群众是社会物质和精神财富的创造者、社会变革的决定力量。这既是马克思主义的基本道理也是中国共产党的历史经验总结。现在大家常说当年淮海战役中国共产党用60万军队打垮了国民党80万军队，这是战争史上的奇迹。奇迹不假，但我们别忘了这奇迹背后还有543万支前群众没有统计进去。这543万的群众站在哪一边，那一边就能赢得胜利。当年他们站在了中国共产党的一边。

所以，我们要从内心深处真正认识到联系群众是做好一切工作的法宝，认识到保持与群众的血肉联系是我们的力量之源。以心交心，自会心心相印；我们心中装着群众，群众也会在心里装着我们；我们把群众当亲人，群众就会把我们当亲人。只要我们真正走向群众，就会深深感受到人民群众的力量，感受到人民群众的伟大。有人民群众做后盾，不管多么大的困难都算不了什么、都可以克服。我们一定要牢记，真正让我们强大的是人民群众的力量，而不是我们手中的权力。

——真心与群众交流。群众并不会在意我们深入基层给他们种了多少地，而是在意这种行为背后是真情实意还是虚情假意。不做走马观花的过客，不做叽里呱啦的"钦差大臣"，更不做采风猎奇的观光者，而应以群众自家人的身份，与群众端同样的碗，与群众睡同样的床，与群众干同样的活。日久了自然会生情，患难过当然有真情。

我们千万不要在群众面前谈什么"专业分工"，党员干部最本职的工作就是联系群众，走向群众。倾听群众的呼声，了解群众的诉求，仅靠坐在办公室里是不可能获得的。所以，深入基层、走向群众，在与群众同吃同住同劳动的过程中了解群众的诉求同样是，甚至是更重要的本职工作。党员干部走出办公室会议室，减少一些文山会海，走到田间地头、工地厂矿，多一些现场乡土感受，会对群众的服务更好、更到位。而且把基层一线作为培养锻炼干部的基础阵地，还能引导干部在同群众朝夕相处中增进与群众的思想感情、增强服务群众的本领。

——真正为群众服务。当年毛泽东在七大上讲："群众是从实践中来选择他们的领导工具、他们的领导者。被选的人，如果自以为了不得，不是自觉地作工具，而以为'我是何等人物'！那就错了。我们党要使人民胜利，就要当工具，自觉地当工具。……这是唯物主义的历史观。"[①] 邓小平

---

① 《毛泽东文集》第3卷，人民出版社1996年版，第373—374页。

在八大上更加明确地说："工人阶级的政党不是把人民群众当作自己的工具，而是自觉地认定自己是人民群众在特定的历史时期完成特定的历史任务的一种工具。"① 中国共产党作为人民群众实现他们利益、完成他们事业的工具，不仅不丢脸，反正是我们的骄傲、体现着我们的伟大。正因为是工具，离开了使用者，工具就发挥不了作用；没有了服务对象，工具也就没有用。中国共产党存在的意义就是全心全意为人民服务，不为了人民群众也没有必要要共产党。现在有些人把"领导核心"与"工具"对立起来片面理解，既然党是领导核心又怎么能是工具呢？所以"领导"讲得多，"服务"讲得少。这种想法是大错特错的。

当然，为群众服务不是一句空话，为群众服务也不能成为一句空话。为群众服务首先要满足群众对利益的诉求。群众的生产生活、脱贫致富，他们的权益、困难、疾苦、忧愁等，都是群众利益，这些事情看似都是一些很小的小事，但是这些小事关联着群众的切身利益，如不及时解决，也会影响大事，甚至会酿成大错。只要党员干部真去给群众办事还是可以给群众办不少事的，群众也确实需要我们的服务。通过发挥党员干部的主观能动性为群众解决一些眼前的、可以马上解决的事情，通过改进政策、创新制度、完善体制、优化机制为从根本上解决群众的问题创造条件。当我们做到这一切，群众怎么会不支持我们的工作。

二 坚持中国特色反腐倡廉道路

全面从严治党，坚持中国特色反腐倡廉道路自然是题中应有之义，不断探索、丰富、完善中国特色反腐倡廉道路也是每一个中国共产党人责无

---

① 《邓小平文选》第 1 卷，人民出版社 1994 年版，第 218 页。

旁贷的事情。党的十八届三中全会从制度的层面对中国特色反腐倡廉道路做出了部署：要坚持用制度管权管事管人，让人民监督权力，让权力在阳光下运行，是把权力关进制度笼子的根本之策。必须构建决策科学、执行坚决、监督有力的权力运行体系，健全惩治和预防腐败体系，建设廉洁政治，努力实现干部清正、政府清廉、政治清明。

（一）反腐倡廉要有一种理想主义

反腐败是中西方政治发展都必须面对的问题，但由于不同的政治发展道路决定了其应对之策，相对于西方政治的权力制衡理论而言，中国特色反腐倡廉道路更多地是建立在政党先进性与纯洁性基础之上，更注重的是"自我净化、自我完善、自我革新、自我提高"。而在这样的政治生态中消除腐败，高扬共产党人的理想主义是最基本的。

这种理想主义首先体现在对腐败现象的"零容忍"，是就是是，非就是非，腐败与廉洁如冰火同炉，如皂丝麻线。利用职权多拿一针一线与搬走金山银山，在法律量刑上当有不同，但在判定腐败与否上没有差别。我们如果在对待腐败问题上做不到旗帜鲜明，就会在社会中形成潜规则，就会在政治生活中出现"劣币驱逐良币"的现象。曾经有很多党员干部讲过，如果你不腐败，在一个已经腐败的班子中不仅不能力挽狂澜，甚至会孤家寡人待不住。这是一种多么可怕的现象。

因此，在对待腐败问题上，不要去讲什么大体与小节的关系，不要去讲什么主要方面与次要方面的权衡，不要去讲什么下不为例。在这里不讲辩证法就是最大的辩证法。为了中国共产党在人民中的形象，也为了真正中国共产党人的荣誉，我们一定要用行动，甚至不惜是矫枉过正的行动，向全社会表明：中国共产党就是与腐败水火不容。在一些为群众所关注的焦点问题上杀鸡用牛刀，也是一种对政治态度的宣示。旗帜鲜明的反腐败态度与坚定的反腐败决心虽然不是反腐败工作的全部，但是反腐败工作真正开始的第一步。

我们之所以能对这样的理想主义有信心，这样的理想主义之所以是现实的，是因为这种理想主义本就是根植于中国共产党本质的。马克思主义的信仰，共产主义的信念，全心全意为人民服务的宗旨，所有这些马克思主义政党的属性决定了中国共产党与腐败是水火不容的。曾有一个腐败干部痛心疾首地说过一句话："只要是共产党执政，腐败来的钱财就永远只能埋起来，而腐败最痛苦的莫过于锦衣夜行。"为什么？这是因为对于中国共产党来说，腐败现象犹如"宝珠蒙尘"，而不是"基因之癌"，只要"时时勤拂拭，勿使惹尘埃"，依然是晶莹剔透、光彩夺目的宝珠。

所以，中国共产党消除腐败现象首先要从心中做起，高扬政党信仰，培育共产党人觉悟，使每个党员干部自觉不去腐败。古代圣贤王阳明曾讲过一句话，"破山中贼易，破心中贼难"。但是只要破了心中贼，山中贼自然也就没有了。腐败现象同样如此。

我们强调信仰与觉悟，绝非否定制度反腐的重要性。制度经济学有一个很有意思的观点，即意识形态也是制度中很重要的一个组成部分，人们对制度认可、认同的这种观念意识，比如"觉悟""忠诚""奉献"等观念，可以很好地降低制度运行的成本，使得制度更易于实行、更有效率。

现在有些同志说，反腐不彻底是因为制度有漏洞，只要迅速及时补充法规内容，堵住制度漏洞，就会万事大吉。这理论上听起来好像能行得通，但实践中并非如此。而且就算这一环节解决了，还有更深环节的问题。制度哲学研究告诉我们，制度可以细化，但不可能无限制细化，也不能无限制细化。毕竟"制度"有个"度"在里面，任何制度都不能抹杀人在遵循制度时的一定程度的自由裁量权，更何况制度再严格也会有人视若无物。这也就是现在社会常说的"钻制度空子"。马克思当年曾引用一位经济学家的话："资本有50%的利润，它就铤而走险；为了100%的利润，它就敢践踏一切人间法律；有300％的利润，它就敢犯任何罪行，甚至冒绞首的危险。"① 现实社会中的权力又何尝不是如此，其面对的诱惑又何止300％的利润。

（二）重视在"防"字上作大文章

中国共产党雷霆万钧反腐败，但并不把反腐败取得的巨大成果当作一件高兴的事情。党员干部因腐败落马，不仅是干部本人的悲剧，也是我们党的干部队伍的损失，就不用说因腐败造成的社会财富损失了。如果通过科学有效的方式方法把"防"的工作做好，让腐败不再发生，也就不需要大动干戈去"反"了。

通过一系列的方式方法以及制度安排，超前化解权力运行过程中各类容易诱发腐败的风险，使腐败行为不发生或者少发生，这是反腐败的治本之策，也是治理腐败带有规律性的经验。党的十六大以来我们多次强调，要在坚决惩治腐败的同时，更加注重治本，更加注重预防，更加注重制度建设，讲的也是对治理腐败规律的认识。党的十八大又一次重申注重预防的方针，强调防控廉政风险，其着力点也在于此。

"防"要把教育作为基础。

构建教育、制度、监督并重的惩治和预防腐败体系，既是中国共产党对反腐倡廉规律认识进一步深化的结晶，又是十六大以来加强党风廉政建设的经验总结。其中，教育作为反腐败和廉政建设的一项基础性工作，更是为中国共产党所重视并实践，为当代中国社会拒腐防变筑起了一道坚强的思想道德防线。

反腐败，制度具有根本性。因此，我们要通过构建一系列系统完备、

---

① 马克思：《资本论》第1卷，人民出版社2004年版，第871页。

科学有效、更加严格严密的制度体系来推进反腐败工作。但是制度再完备，执行制度的人没有基本的制度意识，缺乏对制度权威的尊重，也是"徒法不自行"。甚至还会挖空心思寻找制度的漏洞，千方百计逃避制度的约束。

"防"的直接效果是有效地"反"、反腐败，但"防"的出发点与价值取向应该是"保"，保护党员干部。

事先的监督、风险的防控是一种关心，是一种爱护，是保护党员干部的重要手段。曾经有一位老同志讲过一段话，道出了我们加强监督的良苦用心。大意是，我们现在的体制往往是当干部掉到了坑里，我们就把他抓起来，能不能在他掉进去之前，先把这个坑给填平呢？构建廉政风险预警机制，通过各种监督方式、各种监督途径，把可能让我们党员干部掉进去的"坑"填平，或者至少在这些"坑"周围设置明显的标记与障碍。在我们的党员干部要走向"坑"前打个招呼、提个醒，甚至进行必要的劝诫，就是对他们最大的保护，最真诚的关怀。党的十八届三中全会提出的一系列制度安排，大到像形成科学有效的权力制约和协调机制，规范各级党政主要领导干部职责权限，科学配置党政部门及内设机构权力和职能，明确职责定位和工作任务，加强和改进对主要领导干部行使权力的制约和监督，加强行政监察和审计监督，推行地方各级政府及其工作部门权力清单制度，依法公开权力运行流程；小到像完善党务、政务和各领域办事公开制度，推进决策公开、管理公开、服务公开、结果公开，像完善惩治和预防腐败、防控廉政风险、防止利益冲突、领导干部报告个人有关事项、任职回避等方面法律法规，新提任领导干部有关事项公开制度试点等，就是在"防"字上做文章。

这"防"还体现在我们要仔细区分什么是腐败堕落的行为及其后果，什么是改革探索中出现的失误与错误。对于腐败堕落的行为必须严肃执纪，不能纵容；但对于改革探索中的失误一定要包容体谅。我国正处于深化改革的进程中，有很多全新的领域要拓展，全新的事情要摸索，如果党员干部没有敢闯敢试的精神状态，就不可能有改革的深化。而敢于改革的干部往往是有个性、有锋芒、有想法、有胆量的干部，他们在闯的过程中、试的行为中不可能事事都对，件件都成。如果因为一时的失误乃至错误就被打趴下，是不会有干部去改革创新的。对这样的干部，我们一定要"保"。

从简单地"反"到更加注重"防"，这也是我们纪检监察部门职能和形象转变的开始。现在我们的党员干部都愿意组织部门找谈话，害怕纪检部门找喝茶。这跟我们传统的行为模式有很大关系。其实，纪检监察部门不仅要反腐败，更要防腐败，不仅要对腐败分子雷霆万钧做铁面包公，更要对党员干部和风细雨，未雨绸缪，做贴心的"保健师"，健康的"疗养院"，为党员干部健康成长、廉洁工作保驾护航。现代社会的人都已经习惯定期去医院找医生体检，我们的党员干部为什么不能定期到纪检监察部门"保养保养"。我们的纪检监察部门应该把营造这样一种氛围作为新的工作着力点。

（三）反腐败要勇于和善于动员群众

人民群众与中国共产党党员干部根本利益一致性决定了人民群众的监督是一种善意、良性、建设性的同体监督，与多党轮流执政导致的恶意、破坏性异体监督相比具有巨大的优越性，同时由于人民群众与党员干部政治位势的不同又使得这样的监督具有极强的广泛性、深刻性和无可逃避性。

群众的眼睛是雪亮的，我们有些政府部门在公开"三公"经费时煞费苦心地把公布时间放在周末快下班时，把公布的内容放置于网站不显眼的位置以期不引人注目，这些小伎俩、小算盘是不可能瞒过群众的；群众的智慧是无穷的，纵使一些部门不愿意公布细节、不公布细节，群众也能还原出细节来。当一个部门的公车经费超乎寻常的时候，群众能算出原来他们的汽车竟然一个星期要换一次轮胎。"这车也太费鞋吧"，谈笑间一针见血；群众的力量更是不可估量的，我们一些部门据说也有很严格的"保密规定"以防范他们一些不想见人的行为被曝光，但却总是"按下葫芦起了瓢"。为什么？很简单，广大的干部职工就其根本属性仍然是人民群众。本来就生活在人民群众的汪洋大海中，你还有什么见不得人的秘密可保得住？

尤其在现代社会，随着政治文明的进步，随着科学技术的发展，当人民群众对腐败的监督通过新闻媒体而传播、通过互联网而扩大的时候，其对党员干部腐败行为的约束力就更加巨大了。

那么如何既动员群众又不会变成搞群众运动，这一法宝就是制度建设。我们要建立健全保护民主监督的制度，让人民群众敢监督；建立健全具有可操作性的监督实施制度，让人民群众能监督；建立健全民主监督的追究问责制度，让人民群众的监督真正管用等。这一系列制度既是着眼人民群众的，又是针对政府部门和党员干部的，通过这些制度的建立健全，使监督方和被监督方都有章可循，按章办事，当可确保民主监督的正常有效运行。

◇三 提高党的建设科学化水平

提高党的建设科学化水平，这是根据世情、国情、党情的新变化对党的建设提出的新要求，抓住了根本，切中了肯綮。对于如何提高党的建设科学化水平，我们现在一般讲三句话：以科学理论指导党的建设、以科学制度保障党的建设、以科学方法推进党的建设。

应该说这三句话涵盖了提高党的建设科学化水平的核心问题，但是在推进党的建设的具体实践中，却不能仅仅停留于这三句话上，更不能满足于只是不断重复这三句话，必须对这三句话进行进一步的追问与思考。中国共产党的十八届三中全会指出，要紧紧围绕提高科学执政、民主执政、依法执政水平深化党的建设制度改革,加强民主集中制建设,完善党的领导体制和执政方式,保持党的先进性和纯洁性,为改革开放和社会主义现代化建设提供坚强的政治保证。这一要求为我们切实提高党的建设科学化水平指明了着力点。

(一) 政党的变与不变:在科学理论的指导下做出明确回答

马克思主义是中国共产党立党的根本指导思想。以科学理论指导党的建设,就是要坚持马克思列宁主义、毛泽东思想、邓小平理论、"三个代表"重要思想以及科学发展观对中国共产党党的建设强有力的理论指导。关于这一点,中国共产党是这样讲的,也是这样做的。但是如何把这些科学理论的指导性与中国共产党面临的新形势、新任务、新使命有机结合起来,实现党的建设的创新与发展却不是一件轻而易举的事情,有很深刻的客观规律需要我们去认识、去把握,有大量复杂课题需要我们去研究、去破解。

从中国共产党建党到现在已经走过了 90 多年。90 多年来中国共产党历经革命、建设和改革,党员队伍,党所处的地位和环境,党所肩负的任务,都发生了重大变化。具体来说,中国共产党已经从领导人民为夺取全国政权而奋斗的党,成为领导人民掌握全国政权并长期执政的党;已经从受到外部封锁和实行计划经济条件下领导国家建设的党,成为对外开放和发展社会主义市场经济条件下领导国家建设的党。既然政党的功能定位有了变化,目标任务有了变化,执政环境有了变化,那么政党本身又该如何变化呢?建设一个什么样的党,是中国共产党党的建设的根本问题,也是以科学理论指导党的建设必须回答的首要问题。

关于变,有两重内涵,一个层面:变是必然的,不变是不可能的;第二个层面:变是必须的,不变就不可能存在。但具体到某一个有特定内涵或质的规定性的客体来说，比如说政党，在特定的历史时期内，变中必须有不变，必须有相对的稳定性，正所谓变易、简易、不易，特定阶段变化中的质的规定性是不能变的。那么，对于已经执政并将长期继续执政的中国共产党来说，这质的规定性又是什么呢？什么是可变的，什么是不可变的？什么是必须变的，什么是绝不能变的？关于这变与不变的追问就需要我们通过科学理论指导来做出明确回答。

改革开放走过37年的历程，让中国共产党的一些行为模式与执政理念发生变化，但我们必须清楚认知这个转变究竟是个什么转变。是小孩成长变成大人了呢？还是从张三化身变成李四了呢？这两个变化可是有本质的不同。从小孩变成大人方向没问题，但是如果从张三变成李四了，问题恐怕就要出来了。或者我们把话说得再明白一点，一个政党，比如说A党，在改革的过程中不断地改变，最后变啊变，变成了B党，那么这个时候，我们设想一下，这个A党还存在吗？

在哲学上有一个关于谷堆的辩论，我们称之为"谷堆悖论"。大致意思是这样：我们假定有一堆谷子形成一个谷堆，哲学就来追问，从这个谷堆中拿掉一粒谷子，谷堆还是不是谷堆？答案是毫无疑问的，当然是谷堆。那么就这样不断地一粒一粒地拿下去，虽然谷堆在不断缩小，但好歹还能称之为谷堆或至少说谷堆还存在。问题是，当谷子就剩下最后一粒时，哲学来进行它一如既往的追问了，"当我们再拿掉一粒后，谷堆还存在吗？"答案也是毫无疑问的，谷堆已经没有了。到这个时候，我们就必须面对哲学的这样一个追问：同样是拿掉一粒谷子，为什么拿掉这一粒谷子，事情就发生了如此大的变化呢？难道这一粒谷子与其他谷子不一样吗？

当我们强调自觉地把思想认识从那些不合时宜的观念、做法和体制中解放出来，从对马克思主义的错误的和教条式的理解中解放出来，从主观主义和形而上学的桎梏中解放出来的时候，我们一定要搞清楚什么是"不合时宜的观念、做法和体制",什么是"对马克思主义的错误的和教条式的理解",什么是"主观主义和形而上学的桎梏"。如果对此没有明确的界定与统一的认识,那么每一个人、每一个群体、每一个集团都有可能将自己不喜欢、不乐意、不接受的东西都装进这一个筐中而理直气壮地丢弃掉。

对于中国共产党来说,谱写新的理论篇章与坚持马克思主义基本原理是统一的,创造新鲜经验与发扬历史传统并不矛盾。新的历史方位让中国共产党必须成为中国人民和中华民族的先锋队,但这绝不意味着是对中国工人阶级先锋队性质的淡化,马克思主义政党的阶级性是须臾不能丢的,丢了就会丧失根本;新的发展方式让中国共产党必须领导人民发展社会主义市场经济,但同样这绝不意味着就是用市场原则替代党性原则,绝不意味着政党有了自己特殊的利益,中国共产党全心全意为人民服务的宗旨须臾不能丢,丢了就是自毁长城。

因此,当我们在强调改革的精神推进党的建设的同时,中国共产党的宗旨信仰,中国共产党人的精神状态,中国共产党着重从思想上建党的原则,党的建设要紧密围绕党的政治路线来进行的原则,党的民主集中制原则,以三大作风为主体的党的优良传统和作风等,所有这些在过去时期行之有效,在封闭建设环境下行之有效的东西,在今天还仍然有极其重要的现实意义,当然其实现形式可能是全新的。

(二)实体与程序:构建科学制度的"鸟之两翼、车之两轮"

在现代社会,政党作为一个组织,要想运行得好,有战斗力,制度保障是最基本的。没有制度,就没有规矩,就谈不上规范化。制度健全,可以有力地促进和保证党的建设,制度不健全,或存在弊端,党的建设就会受到很大影响。邓小平反复强调:"领导制度、组织制度问题更带有根本性、全局性、稳定性和长期性。"① 把一些行之有效的好做法上升为制度，是我们这些年来党建工作的重要经验。

但是制度建设不能空谈，不能理论上行得通，实际中做不到；不能名义上有制度，实际上不管用。科学的制度是反映客观规律的制度，是有可操作性的制度。这也就是为什么中国共产党特别强调，"要增强党内生活和党的建设制度的严密性和科学性"。

那么什么才是科学的制度呢？什么样的制度才可以称得上是具有严密性和科学性的制度呢？制度研究的理论告诉我们，科学的制度是一个制度系统，制度设计不能单打一，不能单兵突进，必须相互配套，构成一个系统。在这制度系统中，既要有实体性制度又要有程序性制度，既要明确规定应该怎么办又要明确违反规定该怎么处理，以减少制度执行的自由裁量空间。

具体来说，实体性制度主要是指那些体现价值指向、追求结果的正义与正当的制度安排。政党必须尊重党员的主体地位，因而要有保障党员民主权利的制度，像党的代表大会制度、民主集中制等实体性的制度安排。程序性制度则是指为了实现实体性制度所要求的价值理念而作的程序性的规定与要求，更加注重制度实现过程的公开性、正当性与规范性。比如，如何让党的代表大会制度切实做到保障党员民主权利，要通过党的代表大会任期制以及党代表常任制这些程序性的制度来保障，如何保证民主集中制能充分反映党员意见，可以通过票决制这样的程序性制度来实现。程序性的制度可以对制度执行的自由裁量空间进行有效规范，既保障了制度必要的灵活性，又保证了制度必须的严肃性。

从理论上讲，我们在制度建设过程中，一定要把握好两者之间的辩证关系。如果只注重实体性制度，没有程序性制度保证，其实体性所宣示的

---

① 《邓小平文选》第 2 卷，第 336 页。

价值就只可能停留于话语中，到最后连话语本身真诚与否都会让人质疑。现在群众把很多制度称为"说得很好听，原来都是假的"，指的就是由于没有程序性制度保障，实体性制度最后沦为欺世盗名；反之，片面强调程序性制度，仅仅在形式上做文章，则会陷入另外一种误区，"很花哨、很像模像样，就是不来真的"，最终也必将损害制度正义本身。

结合这些年来中国社会和中国共产党制度建设的实际与经验，我们现在应该对程序性制度给予更大的关注。我们过去在实体性制度方面做得比较多，制定了很多"做什么"的制度、"应该如何"的制度，对程序性的制度关注不够，比较缺乏"怎么做"的制度、"规定动作"的制度。邓小平曾讲过："我们过去发生的各种错误，固然与某些领导人的思想、作风有关，但是组织制度、工作制度方面的问题更重要。这些方面的制度好可以使坏人无法任意横行，制度不好，可以使好人无法充分做好事，甚至会走向反面。"[①] 说的就是程序性制度。

对于中国共产党来讲，按法定程序办事，是政党自身建设的重要内容，也是政党依法执政的重要保障。用宪法和法律规范政党执政行为，既要规范做什么，也要规范怎么做；既要规范执政程序，使执政主体有所遵循，也要完善执政监督程序，让人民群众知道怎么监督政党和政府。实践表明，是否重视程序性制度的建设，是否坚持按法定程序办事，其结果是大不一样的。如果没有程序性的制度从程序上规范政党和政府"怎么做"，实际上也就无从规范政党和政府"做什么"；如果没有程序性的制度规范人民群众监督政党和政府的程序和渠道，人民群众也不知道怎么监督政党和政府，实际上也就无法监督政党和政府。

[①] 《邓小平文选》第 2 卷，第 333 页。

(三)信息网络技术：反映时代特征的科学方法让党建如虎添翼

"世易时移，变法宜矣。"即使是过去行之有效的好办法也会随着形势的变化越来越不管用、不好用、不能用。党的建设同样如此，面对变革的时代和创新的实践只能以改革创新的方法应对。

在过去的时代背景下，信息的获取与掌握呈"倒金字塔"状态，决策层越高，掌握的信息越及时、越充分；信息的传递则是"正金字塔"状态，从高到低层层逐级传达。不同地区之间、不同社会群体之间、不同地区的那些具有相同利益诉求的群体之间的交流相对比较少，社会活跃程度没有充分发育。仅从信息占有决定决策质量来看，执政者在正常情形下做出的决策确实要优于其他群体。而且执政者也比较容易出台"放之四海而皆准的"政策，即使有一到两个地区或群体之间有不同甚至反对的意见，但由于相互之间缺乏有效的沟通和联络，也无关大局，成不了气候，影响不了既定政策；即使社会上出现了突发事件，也比较容易封锁消息，把影响控制在尽可能小的范围之内，然后慢慢寻找对策。

但是进入信息时代后，这种执政方式和执政理念已经很难再奏效了。信息化的发展，特别是网络技术的进步，把整个地球缩小成了一个"地球村"。在网络中，空间彻底消失了，边界不复存在了，地位、身份、层级不再具有实际意义，无论咫尺还是天涯，无论是最高决策者还是社会普通群众，都可以无障碍地出现在同一个平台中。信息可以方便地获取，信息也能迅速地传播。这样开放的技术状态直接导致相应开放的社会状态，公开、透明日渐成为信息时代社会的主要特征，也成为在信息时代执政的最基本要求。任何执政者都必须要在公开、透明的情况下迅速做出决策，其决策结果又必须直接接受社会大众的评判与检验。但是现在的情形是，执政者对某一项社会政策的决策所依据的信息与社会大众所拥有的相差无几，甚至出于体制摩擦和机构延滞,其信息获取的及时性、全面性、客观性、有效性不见得比普通大众快多少、好多少、真多少和高多少。

如何将政党理念、政党政策即时迅捷、没有遗漏地传播给每一个成员;如何将每一个成员的有益建议、真实要求不被过滤、不被衰减地收集上来;如何让政党在应对挑战时既有力到位又富有弹性等,离开对现代网络技术的运用是不可想象的。

更重要的是,进入信息时代,"法律"资源的重要性日益凸显,甚至成了比"权力"资源更重要的执政资源。夯实我们执政的法理基础,充分依靠法律、运用法律构建社会主义和谐社会,是我们加强党的执政能力建设的重要内容之一。信息时代不仅仅是信息广泛交流的时代,也是社会群体广泛产生,各种交往关系空前活跃,各种社会性活动此起彼伏的时代。不同的社会阶层与利益群体出于不同的阶层群体意识、不同的利益获取与维护模式,肯定会发生各种形式的冲突与问题。面对社会利益的逐渐多元化,我们在执政时就不能简单地只使用行政权力去"命令",可能更多的是要从法律方面去讲"协调"与"协商"。党的执政能力的高与低不仅仅表现为刚性的控制与自上而下的指令,更体现为社会动态有机的和谐及群众自觉自愿的认同,体现在法律的自觉维护和法治的自觉践行。这就要求我们要在贯彻依法治国方略方面取得新进展。党要坚持依法治国,领导立法,带头守法,保证执法,坚持在宪法和法律范围内活动,带头维护宪法和法律的权威;要督促、支持和保证国家机关依法行使职权,在法治轨道上推动各项工作的开展;要善于通过法律正确认识、选择和协调各方面的利益关系,依法建立健全社会利益协调机制,引导群众以理性合法的形式表达利益要求、解决利益矛盾;善于通过法律的实施,保护合法利益,抑制非法利益,实现利益整合,为最大多数人谋求最大的利益,维护广大人民群众的根本利益等。

如果仍然停留于过去的理念模式,满足于过去的方式方法,不仅不可能执好政，还会引发严重的问题，这些年来不断发生的群体性突发事件就在信息时代执政方面给我们上了很深刻的一课。

我们不要认为马克思主义与网络相距较远，或者说网络是非马克思主义的。其实马克思主义就是建立在现代科学进步的基础之上的。恩格斯说过，科学发展中的每一个新发现，都使马克思感到衷心喜悦。所以，中国共产党人作为马克思主义者，绝不应该拒绝网络这项当今世界最重要的科技发明。我们要勇于学习各种新的信息技术，善于用新的信息技术来加强和改进党的建设，提高党建工作效率，让信息技术成为我们执政的利器，而不是相反。具体来说，我们要办好党建网站、建立全国党员信息库、推进基层党组织工作信息化、加强农村党员干部现代远程教育网络一体化建设、健全反腐倡廉网络举报和受理机制、网络信息收集和处置机制，等等。其实这些新方法已经在中国共产党党的建设中开始发挥它们的积极作用。

2009年12月1日，中央学习实践科学发展观活动专题网站——学习与实践网与新华网《新华手机报》共同创办了《学习实践科学发展观》手机报，将学习实践活动的新情况、新要求、新进展直接传达到全国基层广大党员干部和读者，开辟了运用手机媒体进行重大主题宣传、开展教育活动的先例。这种手机报可谓"掌上移动党课"，使学习典型不再是单向的灌输，而是双向的互动交流，广大基层党员干部对此反响热烈。

2010年1月5日，以习近平同志向全国100万名基层党组织书记、大学生村干部发出问候短信为标志，我们又开通了全国基层党建工作手机信息系统。这一系统收集汇总了全国100万名基层党组织书记、大学生村干部及省、市、县党委组织部长手机号码，通过手机短信互动，实现了中央组织部、省区市党委组织部与基层党组织书记、大学生村干部之间快捷、及时、双向、安全的联系沟通。

当然，这些只是以科学方法加强党的建设的一个开始。随着我们认识的深化、本领的提高，这些适应时代特征的方法必然会成为中国共产党在新的历史背景下加强党的建设的新工具,让中国共产党党的建设如虎添翼。

◇◇四　用信仰固本培元

靠什么把一个八千多万人的大党凝聚起来?靠信仰;靠什么让中国革命的星星之火成为燎原之势,山沟里的马克思主义赢得了中国?还是靠信仰。中国共产党的90多年,无论是筚路蓝缕还是高歌猛进,一以贯之的是对马克思主义的信仰。信仰坚定则事业昌盛,信仰淡化则捉襟见肘。

(一)　中国共产党是一个有信仰的政党

中国共产党如此重视政党信仰,既是对政党本质的深刻认知,又是对工人阶级政党先锋队性质的高度自觉,中国共产党90多年的历史也无时不刻证明着这一事实。

就政党的本质来说,信仰是一个政党区别于其他政党的根本。为什么政党是这个样子,而不是别的什么样子,源于它的信仰。

信仰来不得半点含糊,也来不得一丝虚伪。不丢信仰之名却放弃信仰之实,可能会有暂时的蝇头小利,却终会导致政党大厦的坍塌。这在世界其他一些政党的实践中是有血的教训的。

有的朋友可能会问,在现代社会,信仰在政党中的地位好像并不怎么重要啊。像美国的两个党,它们之间连政策差别都越来越小了,更不用说在主义理念上的差异了。而且它们的党员登记只有在选举的时候才进行,社会公民在哪个党登记,就是哪个党的党员,今年是共和党,四年后登记为民主党也可以。

这话说得没错,但它说出的只是现象而不是本质。现代西方政党是在资本主义社会的大环境中产生和发展的，不论哪一个政党对资本主义社会都是认可的。政党与政党之间的差别只是在如何更好地保持资本主义社会发展的具体方法步骤上有细微差异罢了。而且由于现代资本主义社会，特别是一些发达国家的阶级结构相对统一，中间阶层选票相对集中，使得无论是两党制还是多党制，所有政党的政策都向"中间化"靠拢。

但要说这些政党没有信仰就大谬了。他们的信仰就是对资本主义的信仰，他们的信仰不仅"坚定不移"，而且还不容置疑，不仅自己相信还要求别人也相信。现在一些西方国家把其价值观包装成"普世价值"，何尝不是一种希望传播自己信仰的冲动。在这方面，资本主义社会的政党有很多值得我们学习的地方。

中国共产党作为工人阶级的先锋队，是以消灭剥削的旧社会，建设社会主义社会，实现共产主义社会为其奋斗目标的，当然要确立起在马克思主义指导下的共产主义信仰。这一信仰不能绝对地说与资本主义社会的信仰水火不容（因为社会主义社会和共产主义社会是在扬弃资本主义社会的基础上发展起来的，从不回避对资本主义社会有益成分的汲取），但也一定要有自己根本性的新规定、新要求、新内容，一定要明确是与资本主义社会的信仰截然不同的新信仰。

信仰是旗帜鲜明的，信仰无须遮遮掩掩。信仰靠真诚而赢得尊重，靠坚定而得以实现。顾忌他人对自己信仰的不认同，试图靠"乡愿"去左右讨好，只能适得其反，为对手所瞧不起。中国共产党之所以是中国共产党，就源于它对共产主义的信仰与对共产主义的不懈追求。没有了共产主义信仰的共产党还能是共产党吗？不追求共产主义的共产党还有必要存在下去吗？这些提问听起来好像有些惊世骇俗，其实就是大白话、大实话。

正因为信仰对于政党的根本性意义，中国共产党对于信仰给予了高度的重视。毛泽东"主义譬如一面旗帜"就是讲信仰的。只有旗帜竖了起来，才会应者云集，知道向哪里靠拢。邓小平特别强调，为什么我们过去能在非常困难的情况下奋斗出来,战胜千难万险使革命胜利呢?就是因为我们有理想,有马克思主义信念,有共产主义信念。所以,"对马克思主义的信仰,是中国革命胜利的一种精神动力"①。

中国共产党人对信仰也是身体力行的。毛泽东说过:"我一旦接受了马克思主义的信仰就没有动摇过。"毛泽东用他的一生证明了这一点。不仅毛泽东自己,连他全家的人都投入到这个事业中。毛泽东的家庭有七个人把自己的生命奉献给了他们的信仰。对于毛泽东来说,中国的独立、中国人民的解放、社会主义的建设、共产主义的实现这些基于马克思主义的信仰,不仅是他矢志追求的目标,更是他全部生命意义的价值所在。为了这一信仰,他可以放弃一切。所以就有置生死于度外赴重庆谈判,所以就有冒险留在陕北牵制对手以赢得全局战略主动的行为。

理解了毛泽东的这种信仰,就可以理解他为什么能全心全意为人民服务,面对群众真诚地喊出了"人民万岁";就可以理解他为什么对于一些共产党人的腐败与特权深恶痛绝,甚至到了水火不容的地步;也就可以理解他为什么要反官僚主义和反形式主义甚至反到了不惜放弃正常行政管理和领导秩序的偏激地步,以致酿成了"文化大革命"的悲剧。

中国共产党的领导人是如此,千千万万为中国革命献出自己生命的普通共产党人何尝不是如此!

(二) 中国共产党的信仰是科学的信仰

曾几何时,西方社会将共产主义信仰视为洪水猛兽,甚至不惜撕开其文明的面纱采取暴力手段必欲除之而后快。进入现代社会之后,血腥的行为虽然表面看不见了,遏制、防范、消解、丑化的动作一直没有终止。

---

① 《邓小平文选》第3卷,人民出版社1993年版,第63页。

为什么如此？绝不仅仅是因为共产主义信仰与他们的信仰相对立，更主要的是共产主义信仰有实现其追求的能力，堪比精神的原子弹。一些土著部落的信仰被西方社会供在博物馆里还美其名曰"多样化"，就是因为它们对西方资本主义没有威胁的能力。

共产主义信仰的这种能力来自其科学性。

共产主义从来不是虚无缥缈的。共产主义体现在现实的经济政治生活中就是为了最大多数人的利益。这最大多数人是"无产阶级"也好，是"工人阶级"也罢，还是"中产阶层"等，称谓随着时代的不同可能会、也可以有不同的说法，但它必须确实是一个社会中的最大多数。

到目前为止，人类社会的发展方式都是"非中性"的，每一发展方式都有其有利群体，有其被牺牲群体。

现在西方资本主义的发展方式就是有利于一小部分群体的发展方式，他们可以利用对资本、专利乃至规则控制的优势来为部分群体的为所欲为提供保障。甚至连"民主"这样在西方意识形态中的神圣东西，也毫不回避是精英的游戏，倘使有民众不知天高地厚掺和多了，则会被扣上"暴民大多数"的帽子。在这样的情形下，绝大多数的群体被边缘化了。就算有些群体被纳入所谓全球化的轨道，也不过是被作为廉价打工者而工具化了，在温水煮青蛙的状态中走向异化。

有人可能会说人家发达资本主义国家全体老百姓都富裕了，此话不假。国内矛盾国际化是目前资本主义社会的发展态势，美国3亿人日子过得确实不错，利用美元是国际货币的优势地位把金融危机都转嫁到其他国家去了，美国民众的次贷让全世界为其买单。如果资本主义的发展能让世界60亿人都过上美国人的生活，我们之间也就没有了信仰的对立，但这在资本主义制度的逻辑框架中是不可能的。

共产主义不是要让所有人都变成无产阶级，而是要通过创造社会发展的环境和条件让每一个人都能有全面发展的可能，是要通过消灭资产阶级的同时消灭无产阶级来实现无产阶级的整体解放。这也就是为什么恩格斯强调共产主义社会最根本的特征就是："每个人的自由发展是一切人自由发展的前提。"人类社会的发展从来都要着眼于60多亿人，而不能只是考虑3亿人。对中国共产党来说，中国社会的发展从来就是13亿人的全体，是960万平方公里的全部，不能是一部分人，不能是一部分地区。

中国共产党人的这种信仰以及由信仰延伸出来的理想信念既不是出自痛恨资本主义的道德义愤，也不是源于向往共产主义的善良愿望，而是基于对社会发展规律的科学认识。资本主义社会的社会生产不是基于满足需求而是源于对利润的追求，劳动在社会生产过程中不是作为主体而是成为资本获取剩余价值的工具。这样的发展方式是不可能持续的，这样的发展方式是背离公平正义的，这样的社会发展方式也是没有前途的。只有尊重每一个人的发展权利，只有让每一个人都能得到发展，社会才能真正走向繁荣与发展。

确实对于现代世界来说，社会主义社会刚刚破题，共产主义社会尚未成为现实，反倒是资本主义的发展方式有诸多的存在依据和相当的支持度，大有铺天盖地、一统天下的态势。但是理想尚未成为现实不等于就是乌托邦，现实存在的不必然是合理的。而且共产主义社会没有到来并不意味着共产主义运动没有在进行。马克思、恩格斯说："共产主义对我们来说不是应当确立的状况，不是现实应当与之相适应的理想。我们称为共产主义的是那种消灭现存状况的现实的运动。这个运动的条件是由现有的前提产生的。"[①] 中国共产党人一直在进行着超越资本主义社会、建设社会主义社会的实践，中国特色社会主义道路的开辟就是我们在现时代的共产主义运动。

只要我们一直在为改变旧的社会状态而努力，共产主义就在我们每一天的行动中。

[①]《马克思恩格斯选集》第1卷，人民出版社1995年版，第87页。

（三）实践信仰是中国共产党力量之源

毋庸讳言，随着中国共产党作为唯一执政党执政时间的延伸，政党信仰的意识客观上在逐渐淡化。有些同志以为执政权在手，一切事情都好办；执政权在手，一切资源都归我们支配，一切力量都服从我们调度。其实事情并不是这个样子，道理也不能这样讲。中国共产党是因为信仰的力量才赢得了执政权，因为信仰的光辉才被宪法赋予唯一执政的地位，而不是相反，也不能相反。

所以，中国共产党的领导体现在其政党宗旨信仰理论的领导上，而不仅仅是甚至不主要是政党成员的领导；是政党通过信仰它的成员来实现政党追求，而不是政党成员拉大旗作虎皮以政党的名义谋自己的利益。

直面现实，中国共产党走过 90 多年的历程之后，实践信仰的要求再一次凸显出来。

实践信仰，任重道远。

应该说在当下的时代背景和国际环境下，坚守共产主义的信仰确实不是一件容易的事情。资本主义内在活力的继续释放，国际共产主义运动的式微，人类社会的发展规律并不像我们过去想的那样一目了然，而是隐藏在目前尚不断展现繁荣的社会现象中。透过资本主义社会表面的繁华看出背后的危机与必然的消亡，透过共产主义运动目前的式微看出其必然的胜利与铁的法则，需要大觉悟、需要大定力、需要大无畏。否则很容易随波逐流、人云亦云，甚至失望灰心、自废武功。

实践信仰，刻不容缓。

由于中国共产党是执政党，一些政党成员尚不敢公开否认对共产主义的信仰，但他们在心底里、在行动上已经不再相信共产主义了。对一个政党来说，这种情况是很危险的。你公开反对共产主义没关系，你站到共产党的对立面去批判这个党也没关系。共产党从来不缺反对者,共产党也从来不怕反对者。对手的存在还可让我们更加警觉,更加自律,更加有斗志。怕就怕拉大旗作虎皮、挂羊头卖狗肉,打着共产主义的招牌,行着非共产主义甚至反共产主义的作为。

我们通过毛泽东晚年的经历就可以看出,对于一个社会来说,其政治家有坚定信仰可又犯了错误并不是好事情,但没有信仰而又身处其位则更加可怕。一个有信仰的政治家可能会犯错误,但绝对是可以信赖的,只要我们有一套规范的政治体制与政治运行机制,其错误是完全可以避免的,现代政治发展已经为我们提供了这样的条件。但是如果一个政治家没有起码的信仰,有的只是对利益的算计,可又对社会指手画脚,恐怕更大的悲剧就会发生了。这也就是为什么邓小平曾经特别强调:"党和政府愈是实行各项经济改革和对外开放的政策,党员尤其是党的高级负责干部,就愈要高度重视、愈要身体力行共产主义思想和共产主义道德。否则,我们自己在精神上解除了武装,还怎么能教育青年,还怎么能领导国家和人民建设社会主义!"①

实践信仰,从我做起。

政党信仰是一个宏大的主题,政党信仰又是一个十分具体的事情。政党信仰的生命力不存在于经典著作里,也不存在于文件报告中,而是实实在在地体现在每一个政党成员的一举一动中。实践信仰不是一句口号,而是每一个成员的觉悟;我们不仅要在组织上加入共产党,更要在思想上走向共产主义。对于真正的共产党人来说,实践信仰不需要攀比,不会提出"凭什么只有我实践别人不去做"这样看似有理其实荒唐的疑问。我信仰,我去做,这样就足够了。星星之火可以燎原,真正的信仰能唤醒梦中之人。当我们每一个政党成员都能如此的时候,我们的信仰就会结出现实之果。

---

① 《邓小平文选》第2卷,人民出版社1994年版,第367页。

90多年来的辉煌历史让中国共产党人认识到，我们是用共产主义信仰和马克思主义理论武装起来的觉悟者。我们理解我们的思想，我们认同我们的信仰，因而我们实践着我们的主义。现在为整个国际社会所瞩目的"中国道路"就是新时期中国共产党人实践自己信仰与主义的杰出作品。

第 六 章

战略自信:中国特色社会主义是一篇大文章

发展中国特色社会主义事业是一项前无古人的伟大实践,是一项极其宏大的系统工程。伟大的实践、宏大的工程需要多方力量的协同推进,有赖于各种要素的风云际会。在其中,中国特色社会主义道路是实现途径,管的是"所当然",解决的是中国社会往哪里走的问题;中国特色社会主义理论体系是行动指南,是世界观与方法论,管的是"所以然",解决的是中国社会如何发展的问题;中国特色社会主义制度是根本保障,是行动章程与行为守则,管的是"从应然走向实然",解决的是让事业从理念走向实践,从理论变为行动的保障问题。这三者统一于中国特色社会主义伟大实践,是中国特色社会主义的最鲜明特色。

数十年来中国特色社会主义事业的发展历程表明,我们对道路自信、理论自信、制度自信,归结到一点就是对中国特色社会主义的自信。

◇ 一 道路自信

中国社会发展中国特色社会主义 30 多年来所取得的辉煌成就不是偶然获得的,更不是侥幸得来的,而是在中国特色社会主义道路的引领下取得的。中国特色社会主义道路,就是在中国共产党领导下,立足基本国情,以经济建设为中心,坚持四项基本原则,坚持改革开放,解放和发展社会生产力,建设社会主义市场经济、社会主义民主政治、社会主义先进文化、社会主义和谐社会、社会主义生态文明,促进人的全面发展,逐步实现全体人民共同富裕,建设富强、民主、文明、和谐的社会主义现代化国家。

(一)当代中国发展进步的根本方向

自从邓小平在1982年十二大开幕词中提出"走自己的道路,建设有中国特色的社会主义"以来,"中国特色的社会主义"是历次党的代表大会的主题词。这一点我们从历次党代会报告的题目中就可以看得很清楚。

十三大:《沿着有中国特色的社会主义道路前进》;

十四大:《加快改革开放和现代化建设步伐,夺取有中国特色社会主义事业的更大胜利》;

十五大:《高举邓小平理论伟大旗帜,把建设有中国特色社会主义事业全面推向二十一世纪》;

十六大:《全面建设小康社会,开创中国特色社会主义事业新局面》;

十七大:《高举中国特色社会主义伟大旗帜　为夺取全面建设小康社会新胜利而奋斗》;

十八大:《坚定不移沿着中国特色社会主义道路前进　为全面建成小康社会而奋斗》;

中国共产党人始终不渝地高举中国特色社会主义旗帜,坚定不移走中国特色社会主义道路的要义在于,道路关乎党的命脉,关乎国家前途、民族命运、人民幸福,这是中国共产党人和中国人民在"走自己的道路"。

一方面,中国共产党是马克思主义政党,马克思主义政党自然是以也自然要以马克思主义为指导思想的。马克思主义的立场、观点、方法,马克思主义的理想、信念、宗旨,马克思主义的基本原理、基本判断、基本构想都理所当然是中国共产党的行动准则。背离了这些,也就没有了中国共产党。中国特色社会主义作为坚持科学社会主义基本原则的结晶,就是中国共产党人坚持马克思主义最好也最有力的明证。

另一方面,中国特色社会主义也深深打着中国的印记,深深扎根于中国的土壤中。"中国国情"不是一句空话,也不是一句托词。马克思曾经讲过一段话:"人们自己创造自己的历史,但是他们并不是随心所欲地创造,并不是在他们自己选定的条件下创造,而是在直接碰到的、既定的、从过去承继下来的条件下创造。"① 我们不可能避开这些因素和这些因素所带来的既定状态。国情就是这样一种因素。一个国家的历史文化、经济状况、发展程度都是不可选的,都是既定的,甚至是特定的。比如我国,人口多、底子薄、生产力不发达就是已经持续很多年并且还将持续更多年的国情,维护国家安全、民族团结、人民利益的需要更是一个长期的任务与压力。正像十八大报告所指出的,我国仍处于并将长期处于社会主义初级阶段的基本国情没有变,人民日益增长的物质文化需要同落后的社会生产之间的矛盾这一社会主要矛盾没有变,我国是世界最大发展中国家的国际地位没有变。未来中国的发展也好,建设也罢,都需要在目前这样一个客观的背景和环境下往前走。

(二) 中国特色社会主义的基本要求

建设和发展社会主义是中国共产党人的历史使命,也是中国共产党人对中国人民的职责所在。从中国共产党人执政之日起,我们就把建设和发展社会主义作为了一切工作的中心与核心。但什么是社会主义,如何建设社会主义,中国共产党人经历了长时期的探索与实践。

---

① 《马克思恩格斯选集》第1卷,人民出版社1995年版,第585页。

以毛泽东为代表的第一代共产党人，在既没有完整理论描述又没有现成蓝图的情况下，依据两个"老"：一个是"老祖宗"，即马克思主义经典作家关于社会主义的一些零散的论述；一个是"老大哥"，当时苏联作为唯一现实中的社会主义国家，自然成了我们的样板，开始了对社会主义的建设。新中国成立以后，我们提出了一系列建设社会主义的方针原则，迅速恢复了国民经济，进行了社会主义改造，成功地确立了社会主义制度。但正如毛泽东同志在1962年一次会议上所说的"在社会主义建设上，我们还有很大的盲目性"。由于历史的阶段性和探索的曲折性，过于强调制度形态的纯粹性，结果导致制定的政策超越了社会主义初级阶段，带来了巨大的损失。

以邓小平同志为核心的第二代中央领导集体，紧紧抓住什么是社会主义、怎样建设社会主义这个根本问题，深刻揭示了社会主义的本质，就是解放生产力，发展生产力，消灭剥削，消除两极分化，最终达到共同富裕，把对社会主义的认识提高到新的科学水平。以此为指导，我们以经济建设为中心，大力发展社会生产力，实行改革开放，建立社会主义市场经济体制，经过20多年的改革发展，社会主义国家的综合国力得到了极大提升。

以江泽民同志为核心的党的第三代中央领导集体和以胡锦涛同志为总书记的十六大以来的中央领导集体，成功地在新的历史起点上坚持和发展了中国特色社会主义。

尽管我们对于中国特色社会主义的实践不断深化，中国特色社会主义的内涵与基本要求仍然在不断丰富和发展的过程中。哲学上有相对真理与绝对真理的探讨，对于中国特色社会主义的认识同样如此。我们可以对中国特色社会主义提出各自时段性的认识甚至一些原则，这些原则在当时的社会发展情景下甚至可能是完全符合的、理所当然的，但随着社会的发展、情境的变化，有些我们曾经认为是本质的、极其重要的东西可能变得越来越非本质化、越来越无足轻重了，而另外一些我们曾经没有意识到、没有认识到甚至曾经认为没有必要的东西可能会变得越来越至关重要，越来越紧迫。

比如对于"和谐"的认识。在中国特色社会主义建设之初，和谐并没有进入我们的视野。但随着经济社会的发展，随着社会结构的变化，随着思维观念的活跃，社会和谐对于中国特色社会主义事业的发展越来越重要。所以，中国共产党十六届四中全会提出构建社会主义和谐社会的任务，使得中国特色社会主义事业的总体布局更加明确地由社会主义经济建设、政治建设、文化建设三位一体发展为社会主义经济建设、政治建设、文化建设、社会建设四位一体，拓展了中国特色社会主义事业的内涵。在十六届六中全会上，又更进一步提出"社会和谐是中国特色社会主义的本质属性"的重大判断，并且提出"建设富强、民主、文明、和谐的社会主义现代化国家"，在富强、民主、文明之后加上和谐，明确把和谐作为同富强、民主、文明并列的中国特色社会主义的奋斗目标，对于中国特色社会主义的认识又有了新的进展，达到了新的高度。

所以，中国特色社会主义的旗帜上究竟应该写上什么，中国特色社会主义道路究竟应该有什么样的路线图，完全可以，也完全期待中国共产党人依据马克思主义基本原理，立足中国国情，顺应人民愿望，反映时代要求去谱写、去勾勒。在这方面，当代中国共产党人可以很有作为、大有作为，而不是无所作为。

党的十八大提出的中国特色社会主义的八大基本要求，即坚持人民主体地位，坚持解放和发展社会生产力，坚持推进改革开放，坚持维护社会公平正义，坚持走共同富裕道路，坚持促进社会和谐，坚持和平发展，坚持党的领导，就是根据党的基本理论、基本路线、基本纲领、基本经验，深刻总结60多年来我国社会主义建设特别是中国特色社会主义建设实践提出的，是最本质的东西，是体现共产党执政规律、社会主义建设规律、人类社会发展规律的东西，表明我们党对中国特色社会主义规律的认识达到了新水平。

（三）五位一体的中国特色社会主义总布局

对中国特色社会主义总体布局的拓展同样体现了中国共产党对中国特色社会主义建设规律认识的深化。在十六大以前，关于中国特色社会主义总体框架的认识主要聚焦于经济建设、政治建设和文化建设，把这三方面的建设搞好了，中国特色社会主义就算干好了。

随着中国特色社会主义的发展，我们越来越认识到，三大建设取得的成果不是用来装点门面的，而是要落脚到不断满足人民群众物质文化生活的需要，不断提高和改善人民群众的生活水平与生活质量上。这一任务非社会建设莫属。因此，到十七大的时候，又增加了以民生为重点的社会建设，从过去的"三位一体"变成了"四位一体"。

十八大又从"四位一体"拓展到了"五位一体"，增加了生态文明建设。为什么说这一次总体布局的拓展至关重要呢？因为我们看到，这些年来发展中国特色社会主义成就巨大，但是在巨大成就的背后也出现了未来发展过程中须面临的越来越多的挑战和问题。我们的经济是发展了，但是环境、资源瓶颈制约越来越大。如何让经济、政治、文化、社会的发展伴随的是生态良好，就像十八大报告所讲的"天蓝、地绿、水净"，把富强中国建设为一个美丽中国。靠什么？要靠生态文明建设。生态文明建设的提出，把生态文明的观念贯穿到中国特色社会主义的经济建设、政治建设、文化建设、社会建设的各方面和全过程，体现在生产方式和生活方式里面，实现绿色发展、低碳发展、循环发展。这就让中国特色社会主义总体布局更加丰满、更加立体，而且更加有利于在未来发展过程中的抗风险性。

其实生态文明建设提出的意义还不仅止于此。从更深层面上来说，生态文明建设反映了对一种文明新形态的努力探索和自觉实践。这说明中国社会的发展,中国特色社会主义的发展,绝对不仅仅是经济、政治、文化、社会等具体领域的发展,它还是一种新文明形态的发展。中国社会为世界不仅贡献了中国特色社会主义道路,而且还贡献了一种新的文明形态——生态文明。这一文明形态是把中国五千年灿烂文明和现代工业文明发展的成果有机结合、创造性转换后的一种新文明。

(四) 中国道路的时代自觉

中国道路是中国共产党把马克思主义基本原理同中国实际和时代特征结合起来,走出的一条新路,中国特色社会主义道路就是中国道路在当代的集中体现。这一道路既具有深厚的历史渊源和广泛的现实基础,更具有深刻的时代必然性和广阔的发展前景,因为它又是全面审视当今世界和当代中国发展大势,全面把握我国发展新要求和人民群众新期待,以全新的视野深化了对共产党执政规律、社会主义建设规律、人类社会发展规律的认识而走出的自强之路、共赢之路、创新之路。

1. 自强之路:对历史方位的清醒认知

马克思曾经讲过:"人们自己创造自己的历史,但是他们并不是随心所欲地创造,并不是在他们自己选定的条件下创造,而是在直接碰到的、既定的、从过去承继下来的条件下创造。"[①] 国情就是这样一种既定的条件。一个国家的历史文化、经济状况、发展程度都是不可选的,都是既定的,甚至是特定的。

党的十八大指出,我国仍处于并将长期处于社会主义初级阶段的基本国情没有变,人民日益增长的物质文化需要同落后的社会生产之间的矛盾

---

① 《马克思恩格斯选集》第1卷,人民出版社1995年版,第585页。

这一社会主要矛盾没有变，我国是世界上最大的发展中国家的国际地位没有变。这三个"没有变"告诉我们，在任何情况下都要牢牢把握社会主义初级阶段这个最大国情，推进任何方面的改革发展都要牢牢立足社会主义初级阶段这个最大实际，而不能从主观愿望出发，不能从这样那样的外国模式出发。

中国道路以经济建设为中心，坚持四项基本原则，坚持改革开放，解放和发展社会生产力，建设社会主义市场经济、社会主义民主政治、社会主义先进文化、社会主义和谐社会、社会主义生态文明，正是对中国社会历史方位的清醒认知，是对这最大国情的认真遵循。

尽管中国特色社会主义道路走到今天，我国生产力有了很大提高，各项事业有了很大进步。但总的说来，人口多，底子薄，地区发展不平衡，生产力不发达的状况没有根本改变，集中力量发展社会生产力仍然是中国社会的第一要务。因而中国道路要发展社会主义市场经济，坚持以公有制为主体、多种所有制经济共同发展的基本经济制度，着力消除所有制结构不合理对生产力的羁绊；要坚持调动全社会、全民族的积极性、创造性，营造各尽其能、各得其所、和谐相处的氛围和环境，在保证最广大人民根本利益的同时，促进现阶段群众的共同利益；要在坚持以按劳分配为主体的同时，放手让一切劳动、知识、技术、管理和资本的活力竞相迸发，让一切创造社会财富的源泉充分涌流。

尽管中国社会存在着各种各样的矛盾，有些矛盾还存在着激化的可能，但人民日益增长的物质文化需要同落后的社会生产之间的矛盾依然是贯穿我国社会主义初级阶段整个过程和社会生活各个方面的主要矛盾。破解这一矛盾关键在于发展，发展是硬道理。这就决定了中国道路一定要强调以经济建设为中心。只有牢牢抓住这个主要矛盾和工作中心，才能清醒地观察和把握社会矛盾的全局，有效地促进各种社会矛盾的解决。

实现中华民族伟大复兴的中国梦是在社会主义初级阶段建设富强、民主、文明、和谐的社会主义现代化国家,是要以世界上最大的发展中国家为起点,赶上并超过西方发达国家。自强之路、赶超之路意味着中国道路不是对西方模式的"移植"与"克隆",而是对西方发展范式的突破与超越。

实现中华民族伟大复兴中国梦的道路是也只能是"中国道路"。现代西方社会发展道路是在其几百年的资本主义背景下发展起来的,背后更有着上千年的西方文化滋养,还有着近百年的海外殖民掠夺"资本"。面对这样的发展道路,中国学不来,不能学,没有资本去学。在这个意义上,"中国特色"不是一种借口,而是一种本能,一种策略;不是一时权宜,而是始终必须,永远必然。

2. 共赢之路:对时代主题的深刻洞察

随着世界多极化、经济全球化深入发展,文化多样化、社会信息化持续推进,科技革命孕育新突破,社会结构发生深刻复杂变化,人类社会的行为模式也呈现出了前所未有的崭新样态。但是,和平与发展仍然是时代主题。

中国道路坚持开放的发展、合作的发展、共赢的发展,通过争取和平国际环境发展自己,又以自身发展维护和促进世界和平;坚持在国际关系中弘扬平等互信、包容互鉴、合作共赢的精神,共同维护国际公平正义;坚持要和平不要战争,要发展不要贫穷,要合作不要对抗,推动建设持久和平、共同繁荣的和谐世界等,正是对时代潮流的自觉顺应,对时代主题的深刻洞察。所以党的十八大再一次重申"和平发展是中国特色社会主义的必然选择"。

奉行和平发展的中国道路构建的是一种"新型国际关系",其核心就是习近平主席指出的"三个共享":各国和各国人民应"共享尊严",一个国家的发展道路合不合适,只有这个国家的人民才最有发言权;各国和各国人民应"共享发展成果",世界长期发展不可能建立在一批国家越来越富裕而另一批国家却长期贫穷落后的基础上;各国和各国人民应"共享安全保障",面对错综复杂的国际安全威胁,单打独斗不行,迷信武力更不行,合作安全、集体安全、共同安全才是解决问题的正确选择。

主张合作共赢的中国道路倡导的是人类命运共同体意识,在追求本国利益时兼顾他国合理关切,在谋求本国发展中促进各国共同发展,把世界的机遇转变为中国的机遇,把中国的机遇转变为世界的机遇,让中国与世界分享"和平发展红利",增进人类共同利益。正如习近平主席在莫斯科国际关系学院的演讲中指出的:"要跟上时代前进步伐,就不能身体已进入21世纪,而脑袋还停留在过去,停留在殖民扩张的旧时代里,停留在冷战思维、零和博弈的老框框内。"

中国道路以其文明的逻辑告诉世界一个道理:每个国家、每个民族自由的发展是一切国家、一切民族自由发展的前提。历史并没有终结,人类社会并不是只有资本主义一条现成的路,还有很多的新路有待我们去开辟;人类的价值从来不是单一的,五彩缤纷的价值争奇斗艳共存共生才是人类社会本来和应该的价值图景。

3. 创新之路:对庄严使命的自觉担当

坚持和发展中国特色社会主义,是中国共产党人的庄严使命,也是中国共产党人对中国人民的郑重承诺。但这同时又是一项长期的艰巨的历史任务,是一条前人不仅没有走过甚至都没有能详细描绘过的新路。关于建设什么样的社会主义、怎样建设社会主义这个根本问题,虽然早已经破题但远未结题。完成使命、兑现承诺,必须勇于实践、勇于变革、勇于创新,以我国改革开放和现代化建设的实际问题、以我们正在做的事情为中心,着眼于马克思主义理论的运用,着眼于对实际问题的理论思考,着眼于新的实践和新的发展。因此,中国特色社会主义道路又是一条创新之路。

——中国特色社会主义道路是不断用新思想、新做法、新实践丰富和发展社会主义的开放创新之路。

30多年来的中国特色社会主义发展之路就是一条不断解放思想、与时俱进、开拓进取的创新之路。中国特色社会主义道路以创新的精神回答了"什么是社会主义,怎样建设社会主义"这一重大问题,通过揭示社会主义本质,确立社会主义初级阶段基本路线,开创了中国特色社会主义新局面;回答了"建设一个什么样的党,怎样建设党"这一重大问题,坚持立党为公、执政为民,坚持科学执政、民主执政、依法执政,用宽广的视野和科学的方法锻造出了中国特色社会主义事业的坚强领导核心;回答了"实现什么样的发展、怎样发展"这一重大问题,坚持以人为本,坚持全面协调可持续统筹发展,把我们对中国特色社会主义规律的认识提高到新的水平。

——中国特色社会主义道路是探索科学社会主义理论逻辑和中国社会发展历史逻辑辩证统一的创新之路。

社会实践不可能脱离理论逻辑,但理论逻辑毕竟不能等同于现实的社会实践。中国特色社会主义同样要面对这一问题并做出自己创新性的解答。马克思主义经典作家曾经指出,社会主义新社会,"将通过社会生产,不仅可能保证一切社会成员有富足的和一天比一天充裕的物质生活,而且还可能保证他们的体力和智力获得充分的自由的发展和运用"。中国共产党的十八大更是明确提出中国特色社会主义的八项基本要求。如何始终坚持科学社会主义的基本原则、不丝毫违背这些基本原则,又在任何情况下都牢牢把握社会主义初级阶段这个最大国情、牢牢立足社会主义初级阶段这个最大实际,中国特色社会主义道路通过发挥人民主人翁精神,更加注重社会公平正义,使发展成果更多惠及全体人民,团结一切可以团结的力量,最大限度地增加和谐因素等一系列体制机制和政策创新,走出了一条把理论原则变为真实社会状态的现实路径,让中国特色社会主义成为扎根于当代中国的科学社会主义。

——中国特色社会主义道路是破解人类社会发展共同难题,实现中国与世界可持续发展的文明新路。

近四百年来传统工业文明实现了人类社会前所未有的物质大丰富、经济大繁荣,但也给人类头上悬起了一柄空气污染、环境恶劣、资源枯竭的达摩克利斯剑。人类社会不能不发展,但又不能这样饮鸩止渴地发展,毕竟我们只有一个地球。

作为中国特色社会主义道路重要内容之一的社会主义生态文明,是把中华文明中天人合一、人与自然和谐相处的思想与西方工业文明有机结合,创造性转换后形成的一种新型文明样态,把发展工业与保护生态有机结合起来,走又好又快的新型工业化道路,在"天蓝、地绿、水净"的美丽中国建设富强中国,为人类社会实现可持续发展走出了一条文明新路。从这个意义上讲,中国道路为世界不仅贡献了一种新的发展模式,还贡献了一种新的文明形态。

◇二 理论自信

毛泽东曾经讲过一句话:"实践当中是要出道理的。"走中国特色社会主义道路,当然要也当然会形成中国特色社会主义的道理,这"道理"就是中国特色社会主义理论体系。中国特色社会主义理论体系以其思想传承、理论品格、中国气派、时代精神,让我们有理由自信也有资格自信。

(一) 一以贯之的思想传承

理论不会是无源之水、无本之木,必有所宗、必有所依,中国特色社会主义理论体系同样如此。"马克思主义中国化的最新成果"这一称谓其实就道出了它的思想传承谱系。

中国特色社会主义理论体系的思想传承可以上溯170年甚至500年，社会主义的价值诉求，马克思主义的立场、观点、方法，科学社会主义的基本原则，贯穿中国特色社会主义理论体系的始终。像共产主义理想、无产阶级政党领导、以公有制和按劳分配为基础的经济制度、人民是历史的创造者以及实现人的全面发展等，这些中国特色社会主义理论体系的核心思想，都是从老祖宗那里传承下来的。现在有同志把中国特色社会主义理论体系称为马克思主义3.0和科学社会主义"新版本"，这种说法很形象也很好，好就好在体现出创新与传承的水乳交融。说的是新话，根本还是马克思主义。

中国共产党90多年的历史告诉我们，对中国共产党这样一个马克思主义政党来说，马克思列宁主义、毛泽东思想一定不能丢，丢了就失去了灵魂、丧失了根本，就"会失去生存的权利，而且不可避免地迟早注定要在政治上遭到破产"[①]。作为工人阶级先锋队以及中国人民和中华民族先锋队的中国共产党，只有以马克思主义为指导，才能始终体现时代性，把握规律性，富于创造性，才能在错综复杂的形势中把握大局，辨明是非、认清方向，不仅洞察中国社会目前怎样发展和向何处发展，而且洞察将来怎样发展和向何处发展，从而信心百倍地带领中国人民走向繁荣富强、带领中华民族走向伟大复兴。

思想传承还表现为站在巨人的肩上接着说。"最新成果"就意味着前有先辈，这先辈、这巨人就是被称为马克思主义与中国实际相结合的第一次飞跃——毛泽东思想。也正因为有毛泽东思想，才有中国特色社会主义理论体系第二次飞跃的逻辑可能与历史可能。毛泽东思想中对中国社会主义道路的探索是中国特色社会主义理论体系的直接理论准备、基本思想前提。

---

① 《列宁全集》第6卷，人民出版社1986年版，第367页。

不仅社会主义社会基本矛盾和主要矛盾、正确处理社会主义建设重大关系、正确处理人民内部矛盾等内容，成为了中国特色社会主义理论体系的宝贵思想资源，更重要的是，毛泽东思想活的灵魂，实事求是、群众路线、独立自主，依然是中国特色社会主义理论体系"时刻不能忘、须臾不能丢的立身之本"。

（二）有的放矢的理论品格

理论不是为了装点门面，不能变成只是拿在手上的箭，连说"好箭"就是不发射。好箭是用来打靶射"的"，中国特色社会主义理论体系这个"矢"就是为射当代中国建设、改革、发展这个"的"的。

中国特色社会主义理论体系是将马克思主义与本国国情相结合，与时代发展同进步，与人民群众共命运而形成的最新理论成果；是中华文明、中国智慧与时代精神和人类文明成果相融合的最新思想结晶；是深刻把握共产党执政规律、社会主义建设规律和人类社会发展规律的最新科学认识；是对发展中国家如何在新的国际形势下实现自身发展和赶上世界潮流，在全球化浪潮中创造独特优势的最新成功解答。马克思经典作家指出："原则不是研究的出发点，而是它的最终结果；这些原则不是被应用于自然界和人类历史，而是从它们中抽象出来的；不是自然界和人类去适应原则，而是原则只有在符合自然界和历史的情况下才是正确的。这是对事物的唯一唯物主义的观点。"[1] 最广大人民改造世界、创造幸福生活的伟大实践是理论创新的动力和源泉，脱离了人民群众的实践，理论创新就会成为无源之水，就不能对人民群众产生感召力、对实践发挥指导作用。

---

[1] 《马克思恩格斯选集》第3卷，人民出版社1995年版，第374页。

中国特色社会主义理论体系，立足社会主义初级阶段这一最大国情，系统地初步回答了什么是社会主义、怎样建设社会主义这个根本问题，把对社会主义的认识提高到新的科学水平；科学判断党的历史方位，与时俱进地回答了建设什么样的党、怎样建设党这一重大问题，开启了党的建设新的伟大工程；面对我国发展呈现一系列新的阶段性特征，创新性地回答了实现什么样的发展、怎样发展这一重大现实问题，更加自觉地走科学发展道路。特别是社会主义初级阶段理论、社会主义市场经济理论、以人为本、全面协调可持续战略思想、社会主义和谐社会理论、社会主义核心价值观，政党先进性与纯洁性建设等理论成果，以全新的视野深化了对共产党执政规律、社会主义建设规律和人类社会发展规律的认识。

正因为中国特色社会主义理论体系立足于当代中国改革发展的伟大实践，以我们正在做的事情为中心，着眼于马克思主义理论的运用，着眼于对实际问题的理论思考，着眼于新的实践和新的发展，很好地担当起了对发展中国特色社会主义理论指导、理论阐释、理论辩护的使命，让中国特色社会主义道路越走越信心百倍、越走越理直气壮、越走越气定神闲。

（三）自觉自信的中国气派

对于在马克思主义中国化过程中彰显中国风格，毛泽东有段话讲得十分到位："马克思主义必须和我国的具体特点相结合并通过一定的民族形式才能实现。……离开中国特点来谈马克思主义，只是抽象的空洞的马克思主义。因此，使马克思主义在中国具体化，使之在其每一表现中带着必须有的中国的特性，即是说，按照中国的特点去应用它，成为全党亟待了解并亟须解决的问题。洋八股必须废止，空洞抽象的调头必须少唱，教条主义必须休息，而代之以新鲜活泼的、为中国老百姓所喜闻乐见的中国作风和中国气派。"①

现在有些人特别喜欢在理论创新中引进"洋概念",捣鼓"洋名词","言必称希腊",结果食洋不化,不仅百无一用还令群众生厌,这是丢掉了中国气派。中国气派,远而言之是五千多年的中华文明积淀,近而观之还包括百年以来中国革命建设改革新文化的熏习。彰显中国气派,既是中国特色社会主义理论体系自觉的追求,更是自信的反映。它不仅体现在形式上不搞洋八股,不唱空洞抽象的调头,话语简明朴实、新鲜活泼,为中国老百姓所喜闻乐见,更重要的在于其内容与精髓上的中国立场、中国价值、中国思维。

让一个曾经饱受异族列强欺侮、目前尚是发展中国家的中国,经济发展、政治昌明、文化繁荣、社会和谐、生态良好,到 21 世纪中叶成为富强、民主、文明、和谐的社会主义现代化国家巍然屹立在世界东方,这是中国立场;让中国人民自己当家做主过上更加富裕、更加有尊严的生活,让 13 亿多中国人民能实现每个人的自由全面发展,这是中国价值;用"天人合一"观察宇宙、用"协和万邦"思考国际、用"和而不同"构建社会、用"仁者爱人"与人相处,这是中国思维。

这里需要特别提出的是,中国气派复兴中国也润泽世界。当今天的世界面对越来越严峻的环境问题时,"天人合一"为人类修复自己的家园送上一剂良药;当今天的世界因为各种各样的利益纠纷与冲突而可能擦枪走火时,"己所不欲、勿施于人"恐怕是实现各得其所的唯一选择;当人类社会越来越沉湎于社会发展方式"唯一解"的时候,"和而不同"告诉世界还有别样的可能性、别样的精彩。

---

① 《毛泽东选集》第 2 卷,人民出版社 1991 年版,第 534 页。

(四) 创新发展的时代精神

中国特色社会主义理论体系是完备的理论体系，也是开放的理论体系，当然也在随着实践的深化、时代的演进不断创新发展，以反映实践诉求、彰显时代精神。

党的十八大以来，以习近平为总书记的新一代中国共产党人直面新常态、顺应新常态、培育新常态，实践在创新、制度在创新、理论也在创新。比如，"中国梦"的提出，以其通俗亲和的话语表达方式，打造出了中国特色社会主义的"大众版"。再比如，"四个全面"的强调，全面建成小康社会、全面深化改革、全面依法治国、全面从严治党，相互支撑、相互促进，既描绘了美好蓝图，又规划出了路线图、时间表，让中国特色社会主义在"全面"中高歌猛进；还比如，"一带一路""新型大国关系""中拉时间""欢迎搭中国发展的便车"等一连串的新话语勾勒出了中国特色社会主义和平发展道路的新图景，贡献出了处理当代国际关系的中国智慧和完善全球治理的中国方案，等等。

这一系列内容都生动完整地体现在习近平总书记的系列重要讲话中。总书记的系列重要讲话深刻思考并回答了什么是中华民族的伟大复兴，我们该如何去实现中华民族伟大复兴，复兴进程中的中国共产党应该有什么样的担当，中国的国家治理应该走什么样的路等时代提出的重大理论与现实问题，在对中国特色社会主义理论做出重大创新的同时，也丰富和发展了中国特色社会主义理论体系。

◇ 三 制度自信

中国特色社会主义制度，坚持把根本政治制度、基本政治制度同基本经济制度以及各方面体制机制等具体制度有机结合起来，坚持把国家层面民主制度同基层民主制度有机结合起来，坚持把党的领导、人民当家做主、依法治国有机结合起来，符合我国国情，集中体现了中国特色社会主义的特点和优势，是中国发展进步的根本制度保障。

（一）中国特色社会主义事业的客观要求

对于中国特色社会主义事业来说，"道路"与"理论体系"绘就了美好蓝图，有了"制度"才可谓渐入佳境。道路、理论、制度三足鼎立，共同支撑起中国特色社会主义伟大事业。

中国共产党讲，"中国特色社会主义制度，是当代中国发展进步的根本制度保障"，这一论断对中国特色社会主义制度在当代中国的地位给予了充分的肯定和高度的评价。

——没有规矩不成方圆，各行其是发展不出中国特色社会主义。中国特色社会主义事业需要通过制度来塑造全社会的行为模式。

制度最基本的功能就是通过激励与约束机制，为社会主体的活动划定界限，为社会主体的行为制定规矩。告诉社会主体能和可以去做什么，不能和禁止去做什么。社会主体按照制度要求去思、去想、去行动、去生活，经过无数次重复后，这些做法便自然而然地演变为社会主体的活动方式。通过中国特色社会主义制度，我们的党员干部和人民群众可以清楚地知道，什么是有利于中国特色社会主义事业的行为，对于这样的行为予以鼓励；什么是有害于中国特色社会主义事业的行为，并对那样的行为则要禁止。日积月累、潜移默化，全社会的行为模式便会更加符合中国特色社会主义事业发展的要求。

——"还是制度靠得住"，制度更带有根本性、全局性、稳定性、长期性。中国特色社会主义事业需要制度来保障发展取得的成果。

自中国共产党人开辟中国特色社会主义道路以来，在中国特色社会主义理论体系的指导之下，中国特色社会主义事业发展取得了一系列的成果。在这些成果中有物质层面的，比如经济总量的增加、国家实力的提升、人民生活水平的提高等；有观念和社会关系层面的，比如新的经济政治社会运行模式、科学的经济政治关系和社会关系、进步的思想与理念等。物质层面的成果是相对稳定、容易保持的，观念和社会关系方面的成果则是容易改变的，可是如果观念社会层面的成果保持不住，物质层面的成果也将毁于一旦。

要想把30多年来中国特色社会主义事业发展，甚至上溯至60多年来中国特色社会主义道路探索中取得的这些观念和社会关系方面的成果很好地保持巩固下来，如邓小平所讲的"不因领导人的改变而改变，不因领导人看法和注意力的改变而改变"，就需要一系列的制度安排把它们固定下来。通过经济体制改革，把经济改革中的成果巩固住；通过稳步的政治体制改革，把政治文明建设中的成果也给巩固住并且发扬光大；通过深化文化体制和社会体制改革，努力促进文化大发展大繁荣，促进社会和谐。

——"制度是经验的凝结"，制度的建立，标志着中国特色社会主义事业发展步入佳境。

在开创中国特色社会主义事业初期，邓小平讲我们是在"摸着石头过河"，既不知道路在哪里，又不知道水的深浅。确实，开拓新事业，"摸着石头过河"是不可避免的，但是我们没有必要也不应该在再一次面对同样情况的时候还"摸着石头过河"。中国特色社会主义制度的建立，意味着我们在相当多的事情上再也用不着"摸着石头过河"了，因为过去的成功经验、好办法已经凝结为制度可以让我们照着去行动了，这些制度甚至为我们未来的发展都已经铺好轨道，不用再走弯路，不用再折腾。

（二）中国特色社会主义实践的水到渠成

道路和理论体系我们已经讲了很长时间了，"中国特色社会主义制度"还是第一次被阐述。这是因为制度的形成是需要条件、需要积累的，实践的深化是制度成形的基础。

60多年的艰辛探索，30多年的凯歌突进，中国特色社会主义事业各个方面都取得了突破性进展，为形成中国特色社会主义制度奠定了坚实的实践基础。

——在经济领域，毫不动摇地巩固和发展公有制经济，毫不动摇地鼓励、支持、引导非公有制经济发展，各种所有制经济平等竞争、相互促进的崭新格局已然成型，以公有制为主体、多种所有制经济共同发展的基本经济制度瓜熟蒂落。

——在政治领域，民主形式越来越丰富，民主渠道越来越拓宽，民主选举、民主决策、民主管理、民主监督日渐成了政治生活中的常态，人民的知情权、参与权、表达权、监督权越来越得到有效保障；各民主党派作为参政党，与中国共产党长期共存、互相监督、肝胆相照、荣辱与共；各民族之间平等、团结、稳定，民族地区发展迅速；农村村民自治和城市社区居民自治进展得红红火火。所有这一切实践的丰硕成果使得人民代表大会制度这一根本政治制度，中国共产党领导的多党合作和政治协商制度、民族区域自治制度以及基层群众自治制度等基本政治制度深深扎根于中国社会政治生活中。

——在文化方面，始终把社会效益放在首位，做到经济效益与社会效益相统一的文化大发展大繁荣战略，使得中国社会文化事业与文化产业相得益彰。扶持公益性文化事业、发展文化产业、鼓励文化创新的政策已经走向制度层面，文化体制创新方兴未艾。

——适应社会结构日益多元、社会状态更加开放、社会诉求越发高涨的变化，适应社会主义和谐社会建设的新要求，崭新的社会体制也逐渐破题成形。

在这里，我们要区分开两个"基础"，一个是"实践基础"，一个是"制度基础"。我们在充分认可中国特色社会主义实践对于中国特色社会主义制度形成的基础性作用的同时，不能忘记中国特色社会主义制度的"制度基础"，这就是社会主义基本制度。中国特色社会主义制度不是也不能在一片制度空白中凭空生长出来，而是在社会主义基本制度的基础上发育成形的。这社会主义基本制度正是60多年来中国共产党人所完成的第二件大事的成果结晶。社会主义基本制度为中国特色社会主义制度确立了基本的制度原则、制度价值，乃至制度格局，离开了社会主义基本制度谈中国特色社会主义制度不仅是忘本，甚至可能离经叛道。

当然，中国特色社会主义制度之所以能在中国社会获得成功，也在于中国特色社会主义制度主要是属于自然演化出来的制度，而不仅仅是设计出来的制度；是内生制度，而不是外来嫁接的制度。中国特色社会主义制度汲取了中国社会以往制度建设的一些教训，不搞制度"大跃进"，不搞制度"乌托邦"，不抽象地对待制度，把制度建设建立在对社会发展规律的深刻把握与运用之上，建立在对中国社会发展阶段的清醒认知之上，建立在中国特色社会主义火热的实践之上。

（三）中国特色社会主义制度的有机组成

中国特色社会主义制度是经过数十年的社会主义制度的自我完善和发展，在经济、政治、文化、社会等各个领域形成的一整套相互衔接、相互联系的制度体系。在这一体系中，既有根本政治制度、基本政治制度、基本经济制度，又有建立在根本政治制度、基本政治制度、基本经济制度基础上的经济体制、政治体制、文化体制、社会体制等各项具体制度。不同层面、不同类型的制度各司其职，有机协调，推动了中国特色社会主义事业的发展。

首先是根本政治制度。根本政治制度是社会制度系统的基础和核心，也是社会制度系统的主要标志和代表者。根本政治制度若是改变了，也就意味着社会制度系统的根本性质发生了改变。作为根本政治制度的人民代表大会制度，坚持中华人民共和国的一切权力属于人民，人民依照法律规定，通过各种途径和形式，管理国家事务，管理经济和文化事业，管理社会事务。正如胡锦涛所讲的"人民代表大会制度是中国人民当家作主的重要途径和最高实现形式，是中国社会主义政治文明的重要制度载体"。背离了人民代表大会制度也就背离了社会主义。

其次是基本的政治制度和基本的经济制度。如果把根本制度比作一座大厦的话，基本制度就是大厦的"顶梁柱"。中国共产党领导的多党合作和政治协商制度、民族区域自治制度以及基层群众自治制度等基本政治制度和以公有制为主体、多种所有制经济共同发展的基本经济制度决定了社会主义初级阶段中国社会的基本政治面貌和经济格局，是发展社会主义民主政治、推进社会主义市场经济的支柱性制度保障。

再次是体制与机制，这是社会基本制度的具体化，是社会基本制度的表现方式和实现方式。若是没有社会体制机制发挥作用，社会基本制度就会悬空，其维护社会关系、社会性质、社会秩序的目的便无法实现；若是社会体制机制不恰当不适宜，其中的具体制度不完全正确、不具体全面和不相互配套，也会影响社会基本制度的贯彻落实。我们现在强调进行体制机制改革就是要求让体制机制与根本制度、基本制度更加地相适应、相吻合。

在这里需要强调的一点是，同一制度系统内的各种制度必须具有逻辑上的一致性，不同制度系统间的制度不能简单"拿来"，否则会出现制度之间相互冲突、相互抵消的状况。制度之间的冲突，不仅使得制度本身失效，还会严重影响制度的权威性与制度存在的理由。举一个现实的例子。如果我们把西方社会制度系统中的那些多党轮流执政、"三权分立"、两院制等制度不加改造地简单照抄照搬，不仅于事无补，还会引狼入室，造成我们自己的制度系统紊乱，进而引发社会混乱。

最后是中国特色社会主义法律体系。这是制度的文本体现、制度的规范表达。中国特色社会主义法律体系以宪法为统率，以宪法相关法、民法商法等多个法律部门的法律为主干，由法律、行政法规、地方性法规等多个层次的法律规范构成。中国特色社会主义法律体系把国家各项事业发展纳入法制化轨道，实现了国家经济建设、政治建设、文化建设、社会建设以及生态文明建设的各个方面有法可依，从法律上解决了国家发展中带有根本性、全局性、稳定性和长期性的问题。

（四）中国特色社会主义特点和优势的集中体现

中国特色社会主义制度是在推进中国特色社会主义事业的进程中发展起来的，中国特色社会主义制度又是为更好地推进中国特色社会主义事业保驾护航的。所以，正如胡锦涛所强调的"中国特色社会主义制度集中体现了中国特色社会主义的特点和优势"。

——制度立场：中国特色社会主义制度始终站在最广大人民群众的立场上。

制度哲学研究告诉我们，制度是非中性的，不同的制度有其不同的优势群体，不同的制度对社会群体利益的关注是很不相同的。中国特色社会主义制度坚持社会主义的性质，坚持发展为了人民、发展依靠人民的原则，它的制度逻辑究其本质上讲是有利于保证和实现人民群众根本利益的。

——制度价值：中国特色社会主义制度始终指向公平正义与共同富裕。

什么是社会主义本质优越性？共同富裕。邓小平讲过："社会主义最大的优越性就是共同富裕，这是体现社会主义本质的一个东西。"什么是社会主义内在要求？公平正义。中国共产党十八大强调："实现社会公平正义是中国特色社会主义的内在要求。"中国特色社会主义制度以共同富裕、让人民群众共享改革发展成果为价值指向，把实现社会公平正义放到更加突出的位置，综合运用多种手段，妥善协调社会各方面的利益关系，既允许一些地区、一些人先富起来，更着眼于消除两极分化最终达到共同富裕，充分彰显了社会主义的本质与属性，让社会民众对中国特色社会主义更有信心，也更加期待。

——制度绩效：中国特色社会主义制度可以集中力量办大事。

制度是要用来办事的，不是用来当摆设的，更不是用来碍事的。因而制度绩效是评价一个制度优劣的关键指标。集中力量办大事是社会主义的一大特点，也是中国特色社会主义实践取得成功的秘诀之一。中国特色社会主义制度的内在机理与运行模式决定了它可以形成强大的统一意志和组织力量，让全国成为一盘棋，把一切经济政治社会资源都组织调动起来，同心同德，同舟共济，上下贯通，统一行动，重点攻关解决难题，快速高效应对各种突发事件、完成各种任务。抗震救灾、举办奥运会和抵御国际金融危机就是有力的例证。

——制度包容：中国特色社会主义制度可以调动一切积极因素。

全社会全民族的积极性创造性，对中国特色社会主义事业的发展始终是最具有决定性的因素。但是随着中国社会阶层结构的分化，社会利益关系越来越错综复杂。如何在保证最广大人民根本利益的同时，促进现阶段群众的共同利益，容许不同群体的特殊利益；如何在坚持按劳分配为主体的同时，放手让一切劳动、知识、技术、管理和资本的活力竞相迸发，让一切创造社会财富的源泉充分涌流等是并不容易解决的棘手问题。中国特色社会主义制度统筹兼顾、求同存异，在消除不利于人民群众发挥积极性的不利因素，克服阻碍社会群体创新奋进的不良现象，营造各尽其能的氛围和环境，把各个社会阶层和社会群体的积极性和创造性充分调动起来等方面，创造了广阔的制度空间，提供了有效的制度保障。

◇四 文化自信

党的十八大以来，习近平总书记谈论中华文化的频率很高，讲价值观的时候要求传承和升华中华优秀传统文化，讲国家治理的时候要求实现中华传统文化的创造性转化、创新性发展，讲党的建设时也提醒要从中华文化中汲取丰富营养，在对外访问中更是把中华文明作为第一名片不失时机地向国际社会展示中华文化的独特魅力。我们为什么要对中华文化如此推崇备至，我们又为什么可以对中华文化如此高度自信？这一切的背后是当代中国社会对保持精神独立性的深刻感悟和高度自觉。

（一）精神独立是一个社会政治经济独立的前提

毛泽东曾经讲过一句话，"人是要有一点精神的"，顺着这句话讲下来，一个国家、一个社会同样是要有精神的。这既是对中国革命胜利经验的透彻总结，又是对中国进行社会主义建设的宝贵提醒。当然，这里讲的精神并不是一般意义上泛泛而谈的精神，而是指真正属于自己的、从自己的文化中生长出来、并且作用于自己的社会实践、与现实世界各种各样的精神相互激荡中能保有"独立性"的精神。

那么何谓"精神独立性"呢？概而言之就是一个社会从精神层面上对如何认识问题、分析问题、评价问题、解决问题有自己独立的不受他者主宰与左右的思维、价值与方法。当一个社会在如何认识世界上有自己独特的思维方式，在如何评价世界上有自己独特的价值立场，在如何应对世界上有自己独特的方法路径，我们就可以讲这个社会保有了它的"精神独立性"。

对于一个社会来讲，精神独立奠定了经济、政治、社会、独立的前提，精神独立也保证了经济政治社会在真正意义上的独立。如果一个社会在精神层面上人云亦云、亦步亦趋、唯他人马首是瞻，不能在精神层面上想清楚、讲清楚什么是好、什么是应该、什么是有意义，怎么可能走出一条前无古人的新路？怎么可能确立起优越于他者的全新制度？又怎么可能把自己选定的道路信心百倍、义无反顾、坚定不移地走下去？

应该说中国社会精神独立性的问题本来不成其为问题，中华文明五千年的绵绵不绝，中国社会百余年来不屈不挠的奋斗与抗争，乃至中国特色社会主义道路的开辟、探索与实践，中华民族伟大复兴中国梦的提出等，都是中国社会精神独立的最好证明。没有高度自觉且充满自信的精神独立，这一切都是难以想象乃至不可能的。

但是这一不成问题的问题在今日中国社会真还成了一个不容忽视的问题或者说至少是一个需要未雨绸缪的问题。这与现代国际社会的格局有关，也与中国社会的发展方位有关。

现在的国际社会格局是在西方发达国家的发展方式和社会价值观主导下形成的。尽管所有国家、所有群体都是在这一格局中生产产品、积累财富、分享红利，但这一格局与状态主要是有利于发达国家利益的。西方发达国家为了他们的既有利益，当然会想方设法维持这一格局，并强化支撑这一格局的发展方式与价值观，甚至把它提升到"普世"和"永恒"的高度。在既定格局的影响和强势意识形态的渗透下，中国社会的一些人就不知不觉从思想上交了枪：在全世界都适用的东西我们中国怎能例外？人类社会到资本主义都已经到头了我们还折腾什么？

更重要的是伴随着全球经济政治文化交往的更加紧密和中国面向世界

第六章　战略自信：中国特色社会主义是一篇大文章

的更加开放，中国社会需要也正在从西方社会"拿来"很多东西，从技术到管理再到制度。小到高速公路的标志牌、大型超市的促销商标签，大到配置资源的市场经济体制、企业运行的混合所有制产权模式、按要素分配的收入分配体制等。而且这种"拿来"很多时候还必须"全面"拿来，一星半点的拿来、断章取义的拿来不仅不会有正效益，还会产生连西方社会都不会有的苦果与弊端。于是中国社会的一些人就认为：既然都要"全面"了，还要什么自己的精神独立性，把人家的精神也拿来不是更加"全面"吗？

中国社会的精神独立性就在这样的情境中一点一点被削弱、被淡化了，相应的，中国自己的经济政治社会发展实践也就面临着越来越大的压力与挑战。因此，在今天的中国社会提出"精神独立性"问题，已经不是杞人忧天，而需要亡羊补牢了。

关于精神独立性，我们应该讲两句话。

第一句，重视精神独立性是为了超越精神独立性。

习近平总书记在讲价值观的时候，曾借用中华禅宗文化中的三境界说：在没有觉悟的时候，看山是山看水是水；初步觉悟后，看山不是山看水不是水；真正觉悟后，看山又是山看水又是水。看似一种回归，但已不是简单的回归，而是螺旋式上升后的在更高层面上的回归。这个比喻也可用到我们对精神独立性的认知上来。在缺乏精神独立性的情况下，世界给予什么我们就接受什么，以为接受的都是好东西（虽然事实上未见得就是好东西），这个阶段的表现是"不知精神独立性"；当我们有了精神独立性的意识与觉悟后，便会自觉地拿起民族文化这一武器捍卫自己的独立与尊严，我们所熟悉的那句话，"越是民族的便越是世界的"，就是这一时期心态的宣言，这个阶段的表现是"重视精神独立性"；而当我们真正拥有了充分的精神独立性之后，精神独立性便会内化为实践独立，实践中的自信与自强使得世界万物皆备于我莫非我用，虽是世界的终究也是民族的，这一阶段的表现就是"超越精神独立性"。今日的中国社会正处于防范第一阶段、立足第二阶段、迈向第三阶段的过程中,我们希望中国社会关注精神独立性问题但又不希望沉湎于此。什么时候中国社会不再需要讨论精神独立性的问题了,中国社会就真正拥有了它应有的充分的精神独立性。

第二句,精神独立性最终要通过经济政治社会实践的成果证明自己。

我们在前面比较多地讲了精神独立性的功能及文化对精神独立性的意义,但是我们不能在讲精神独立性的时候矫枉过正陷入唯心主义的窠臼。马克思说:"观念的东西不外是移入人的头脑并在人的头脑中改造过的物质的东西而已。"① 精神的独立是为了实践的独立,精神的独立也需要通过实践的独立证明自己并进一步强化自己。如果没有经济政治社会的独立,精神独立就是无源之水、无本之木。对于今日的中国社会来说,中国特色社会主义道路越走越宽广,中华民族伟大复兴的中国梦离我们越来越近,才是精神独立性的强大物质基础,才是精神独立性的最终归宿。

(二) 中华文化是中国社会精神独立的不竭源泉

意识到精神独立性固然重要,呵护涵养精神独立性更加重要。精神独立性不是想当然凭空产生的,也不是仅靠豪言壮语就能喊出来的。中国社会的精神独立性要有滋养它的土壤,孕育它的源泉,这就是中华文化。习近平总书记讲,中华文化积淀着中华民族最深沉的精神追求,包含着中华民族最根本的精神基因,代表着中华民族独特的精神标识,指的就是中华文化对中国社会精神独立性方面的贡献。我们仅从中选择三个方面略作阐述:

——中华文化孕育了中国社会独特的思维方式:天人合一的整体性

---

① 《马克思恩格斯选集》第 2 卷,人民出版社 1995 年版,第 112 页。

思维。

思维是精神独立性中最深层次的属性,不同的思维方式会形成不同的世界观。与西方文化中不断剥离、不断区别、不断分割的那种原子式的注重分析的思维不同,中华文化的思维方式更突出的是一种不断整合、不断扩散、不断融合的整体性思维,从整体上来观察世界、理解世界。比如,在人与世界的关系上,受中华文化滋养的中国人不像西方文化那样把自然界与人对立起来,人对自然界只是单向度的无限掠夺,而是把自然界与人看作一个整体,人与自然界是相互感应、相互依存的,既通过自然资源来供养人,又时时刻刻不忘对自然的涵养与反哺,这就是习近平总书记最近强调的、已经为现代社会所熟知的天人合一宇宙观。又比如,在对待自我与他者的关系上,不是"非我族类,其心必异",而是一种如习近平总书记所讲的协和万邦的国际观、天下观,我的存在是因为有你的存在,你、我、他共生共处才成为"天下",是"各美其美,美人之美,美美与共,天下大同"。

——中华文化塑造了中国社会根本的价值追求:和而不同的和谐价值观。

价值是精神独立性中最根本的属性,价值不同所形成的行为、所构建的世界也会有不同。无论是在本体论上把世界本原归于独一无二的"一",还是在宗教观上确立一个至高无上的"上帝",西方文化价值观中"唯一性"的情结始终挥之不去。但是在中华文化中,即使作为最高的"道",也不是某种确定的东西,而是一种状态,一种阴阳谐和的状态,正所谓"一阴一阳之谓道"。以音乐为例,宫商角徵羽五音皆备,一曲美妙的"韶乐"绕梁三日;如果只有一个音调,那听到的就是啄木鸟叮树的声音了。具体到大千世界来说,不是说把万事万物都变成一个样子、一种性质,而是让万事万物都按自己的样子、自己的本性自由生长、平等发展,在这一过程中形成和谐状态,并会产生新的东西。这就是中华文化中一句很经典的话

"和实生物，同则不济"所讲的意思，这句话也讲出了中华文化所倡导的价值的最高境界："和而不同"。

——中国文化积淀出中国社会基本的发展方法：生生不息的日新方法论。

一个社会认识世界、改造世界所采取的基本方法是精神独立性走向实践时最直观的体现。在中华文化中，没有什么永恒、到头的社会状态，"日新之为盛德"，"苟日新，日日新，又日新"，新的社会状态就在我们的不断努力中逐步展现；世界的变化也不是单线式的发展，而是"反者道之动"，要善于从历史中汲取自强不息的动力与智慧，不能在追求目标的时候异化了自己，不能走得远了就忘了为什么要出发；解决问题的方式方法不是非此即彼、你死我活走极端，而是"从容中道""允执厥中"，在协调平衡中坚毅前行。

中华文化中的这些思维、价值与方法塑造了中国社会的精神独立性，也给予了中国社会以高度的自信。当今天的世界面对越来越严峻的环境问题时，"天人合一"为人类修复自己的家园送上一剂良药；当今天的世界因为各种各样的利益纠纷与冲突而可能擦枪走火的时候，"和而不同"恐怕是实现各得其所的唯一选择；当人类社会越来越沉湎于社会发展方式"唯一解"的时候，让"生生不息"告诉我们还有别样的可能性、别样的精彩是很有意义的。这也就是习近平总书记要求"讲清楚中华文化的独特创造、价值理念、鲜明特色"的深意所在。

（三）中国特色社会主义根植于中华文化沃土

当一个社会在精神上保有独立性的时候，在社会发展方面的独立性就是水到渠成、瓜熟蒂落的事情了。远而言之，不会屈服于他者的压迫奴役，一定要争独立求解放，这就是170多年来中华民族的奋斗抗争；近而言之，不会甘于照抄照搬他人的做法，一定要走自己的路，这就是60余年来中国社会对社会主义道路的探索实践；放眼展望，还要坚持把理论自信、制度自信、道路自信与理论创新、制度创新、道路创新有机结合，在中华民族伟大复兴的历史征程中让中国特色社会主义道路越走越宽广。

关于中国社会为什么要走自己的路，发展中国特色社会主义，我们现在讲得比较多的是国情和历史使然，这诚然是事实也很重要但不够，真正要讲全面还要讲"独特的文化传统"。

百余年来世界上争取独立解放的民族国家并不少，但选择了马克思主义，选择了社会主义并坚持下来的并不多，中国可谓个中翘楚。能做到这一点，与中华文化精神对社会主义的契合乃至与马克思主义的良性融会是分不开的。

在中华文化的思维中，从修身到齐家再到治国平天下，像同心圆一圈圈向外扩展，"身修而后家齐，家齐而后国治，国治而后天下平"，个体不是在与国家社会的张力中凸显自我，而是在融入家国天下中找到存在的意义，这样的文化精神就很自然地成为价值观上的集体主义，所有制层面上的公有制，分配方式上的共同富裕等社会主义属性所亲和适宜的文化土壤。这一点我们可以从近百年来中国社会接受社会主义的历史路径中看得很清楚：当不患寡而患不均的文化心理被经济政治生活中的剥削事实所放大之后，自然会对私有制有天然的不感冒，而对公有制产生些许希冀，对共同富裕更有种本能的亲近感。再比如，中国社会对中国共产党作为领导核心这一模式的认可同样有着一种文化心理的延续。既然我们相信"满街都是圣人"，相信圣人与君子可以做到"为天地立心，为生民立命，为往圣继绝学，为万世开太平"，为什么不可以对坚持先进信仰集聚优秀成员的中国共产党以相应的期待？更进一步看，为什么中国特色社会主义道路是一条和平发展之路，"中国威胁论"是无稽之谈，习近平总书记最近的一次讲话讲到了根底上："中华民族的血液中没有侵略他人、称霸世界的基因。"所以，从一个侧面来说，不是马克思主义和社会主义选择了中国社会，而是中华文化选择了马克思主义与社会主义。

西方社会的一些人总跟我们矫情，说什么你中国总说不走西方的道路，不照搬西方的观念，其实你们的指导思想马克思主义和你们的发展道路社会主义不都是从西方拿来的嘛。这种说法看似很有事实依据不好反驳，其实不然。我们的中国特色社会主义并不仅仅是名称上在社会主义前加了"中国特色"四个字，也不仅仅是实践层面把"中国特色"与"社会主义"简单焊接在一块的"拉郎配"；同样马克思主义中国化也不仅仅是把马克思主义经典著作翻译成"中国话"然后照本宣科，不仅仅是郑人买履式的拿马克思主义本本来套中国的问题，而是植根于中华文化沃土的、在中华文化渗润滋养中"化"出来的全新理论与全新实践。

当然，我们做这样的分析并不是说中国传统文化中本来就有马克思主义，就有社会主义，而是说当通过政治革命把马克思主义的种子，把社会主义的种子播种下去之后，中华文化的沃土可以也确实让它茁壮成长了，并且成长为站在巨人肩上的全新创造，成为中华文化中的新内容。这也就是为什么尽管世界社会主义只有 500 年的历史，但习近平总书记却讲"中国道路是在对中华民族 5000 多年悠久文明的传承中走出来的"。能把中国特色社会主义道路上溯 5000 年，让它不仅成为一条政治发展道路，还是一条文明发展道路，实赖于中华文化的"化育"之功。

（四）在创新性发展中实现中华文化的"现在进行时"

当下中国有两个概念同时在使用，一个是中国传统文化，一个是中华文化。很多人在使用这两个概念的时候往往不做区分，其实它们是有区别的。中国传统文化是过去完成时，尽管我们可以不断对之做出新的理解与阐释，但其内涵毕竟是既定的；而中华文化则是涵盖过去、现在、未来的一个动态概念,不仅包括过去五千年文化的灿烂,也意指今日中国文化的繁荣,更要求未来中国文化的辉煌与复兴。

没有中华文化的随时维新,老祖宗的精神独立性挽救不了不肖子孙的坐吃山空。就算把老祖宗的好东西原原本本不打折扣地全部接受下来,昨日的旧船票也登不上今日的客船,毕竟中华民族的伟大复兴不应该也不可能是复古。所以对于今日中国社会固然要讲把中国传统文化中的精华内容传承下来,更要大讲特讲中华文化的"现在进行时",让中华文化作为一个整体赶上时代引领未来,因为"中华民族伟大复兴需要以中华文化发展繁荣为条件"。

实现中华文化的"现在进行时",不要停留于对中国传统文化中具体文化内容的简单重复,而要重视文化精神的阐幽发微。具体的文化内容再"抽象继承"也会留有过去时代和原来社会形态的印记,过分解读容易有牵强附会之感,对现实社会作用有限。应该回望甲骨文但是不能钻进故纸堆。这些年来中国社会各种各样的"国学热"不断但难成大气候、难有大作为,原因也在于此。而文化精神则以其超越性让时代包容适应性倍增,更易于与新的时代、新的使命无障碍对接。这也就是为什么中华传统美德已经是我们突出的优势、最深厚的文化软实力,而我们还要创造性转化、创新性发展地培育社会主义核心价值观的道理所在。也正因为如此,习近平总书记讲中华文化时代化时特别强调:"使中华民族最基本的文化基因与当代文化相适应、与现代社会相协调……把跨越时空、超越国度、富有永恒魅力、具有当代价值的文化精神弘扬起来。"[1]

实现中华文化的"现在进行时",还要善于把人类文明的一切成果,包括现代西方的文明成果坦坦荡荡大大方方地"拿来"。"问渠那得清如许,为有源头活水来。"精神独立性不是故步自封,不是闭门造车,而是在广泛

---

[1] 习近平:《在中共中央政治局第十二次集体学习时的讲话》,《人民日报》2013年12月30日。

的文化交流中，不断学习他人的好东西，把他人的好东西变成我们的养料，把他人的好东西化成我们自己的东西，形成我们的民族特色，让我们更独立、更强壮。在中华文化的滋养下，我们把印度文明中的佛教"化"为了中国佛教，我们把西方文明中的马克思主义、社会主义"化"为了中国化的马克思主义、中国特色社会主义。有了这种"兼容并蓄、海纳百川"的品格，还有什么样的文明成果不能在中华文化中创造性转化、创新性发展呢？歇斯底里地拒斥外来文明成果本身就是精神独立性缺失、虚弱不自信的表现。

当然，这个"化"是有讲究的。守不住主心骨，没有好办法，很有可能在"化人"的过程中被"人化"。比如，这些年来我们开始重视中华文化的"走出去"。怎么样走出去？用我们自己的话语体系怕人家听不明白也不感兴趣，于是便想用人家的话语、人家的概念来讲中国故事。听起来似乎是很聪明的办法，其实隐患很大。别人的话语、概念背后是别人的文化思维方式。就好比前些年一部电影《功夫熊猫》，"功夫"是中国的，"熊猫"也是中国的，甚至电影里的所有文化元素都是中国的，可"功夫熊猫"却不是中国的，反映出来的文化精神与价值观是地地道道好莱坞的。我们不是说一定要固守中国传统的话语体系，只是提醒从事外宣的同志们，寻找一种既能反映中华文化真精神又能为西方世界所明白的话语方式并不是一件想当然的事情。

做到"化人为我"而不是"我为人化"，既是实现中华文化"现在进行时"的底线思维，又是实现中华文化"现在进行时"的至高境界。

结　语

"新常态"，本来是习近平总书记用于描述中国经济的一个词，可是近来越来越被社会民众自发"跨界"指称中国政治以及更广泛的领域。这样的做法很显然是不科学、不严谨甚至不妥当的，把一个概念过分泛化会损害其本来明确的含义。但是，中国社会为什么如此地追捧"新常态"？为什么愿意对它做明显宽泛乃至跨界的理解？当我们换个角度来看，其实背后是对十八大以来中国社会一系列变化的高度肯定与热情期待，是对以习近平为总书记的中共中央高度信任与坚定支持的体现。因此，理解了新常态，也就把握住了当代中国战略布局的核心与发展逻辑的要义。

新常态是中国社会的"应该"状态，反映的是对价值的坚守。

一个社会绝不只是人自然本性的恣肆泛滥和丛林法则的简单博弈，人们发展经济、选择政治更看重的是通过经济政治的运行实现他们理想的社会目标与价值追求。因而，围绕特定目标和追求而呈现出来的经济作为与政治努力就是该社会的"应该"状态。实现中华民族伟大复兴中国梦是当代中国社会最伟大的梦想，新常态反映的正是对这一价值的坚守。

我们以经济新常态为例。告别了30余年的高速增长，中国经济进入了调整盘点、稳中求进的状态。很多人对中国经济这一新常态很不适应，当作力不从心的无奈之举而疲于应付或唉声叹气。其实不然，以今日中国经济之实力，再来一个4万亿甚至8万亿、16万亿的经济刺激都不是一件难事。问题是我们为什么要去做那样一件饮鸩止渴、费力不讨好的事情呢？

经济新常态恰恰表明中国社会在经济应该是什么和为什么上想明白、弄清楚了。

经济应该求"好"而不只是求"快",经济发展应该为实现中华民族伟大复兴奠定强大的物质基础而不仅仅是数字游戏,经济发展的成果应该能为最广大人民群众所共享而不是变为少数人积累财富要挟社会的工具,经济发展既要立足当下更要着眼未来,不能涸泽而渔、寅吃卯粮,更不能吃祖宗饭断子孙路。把这些归到一起,就是习近平总书记所讲的,"增长必须是实实在在和没有水分的增长,是有效益、有质量、可持续的增长",也就是李克强总理以改革为主打的"强式"刺激而不是片面的财政货币强刺激。

依靠财政宽松货币放水固然能维持一时的经济高增长,依靠廉价劳动力为世界打工也能换来天量的国际贸易顺差,但这既不是持久之计,也不是应该之举。我们这么大的国家,不能做其他国家的技术附庸、经济附庸以及政治附庸。我们可以引进技术,但不是什么东西都可以引进,"关键技术还是要靠自己";我们要善于运用国际分工、比较优势发展自己,可是一个大国尤其还是有独立政治形态追求的大国,没有独立完整的现代工业体系同样是不可想象的;我们是可以用贸易换回可口可乐、波音空客甚至大量花花绿绿的美元,但是不可能换回强大的国防、高端的产业、高素质的劳动者等那些大国之所以是大国的"标配"。而所有这些都是慢工出细活,需要的是工夫,是耐心,是坚守。

经济上的应该自然带来政治上的应该。从群众路线教育实践活动到依法治国,从把权力装进制度的笼子到重申政党理想信念,让人民群众不仅形式上当家更要事实上做主,中国政治领域的新气象方兴未艾。"在中国社会主义制度下,有事好商量,众人的事情由众人商量,找到全社会意愿和要求的最大公约数,是人民民主的真谛。"习近平总书记的这番话就是对中国政治新气象最好的阐述。

新常态是中国社会的"必须"状态,体现的是对规律的遵循。

大国复兴,应该做的事情很多,必须做的事情同样不少。"必须"体现的是对规律的遵循,无视规律肆意妄行一厢情愿、漠视规律得过且过一团和气是大国复兴的陷阱。实现中华民族伟大复兴中国梦,必须克服不良现象,必须化解深层矛盾,必须守住身份认同,中国社会在这些方面同样是可圈可点的:

——打铁先得自身硬,中国共产党作为中国社会的领导核心,先进优秀是底线要求,也是执政合法性根基。但这些年来一些政党成员信仰丧失、作风萎靡、行为腐化已有了泛滥蔓延之势。如果不能从根本上扭转这一态势,不仅政党自身战斗力丧失,社会认同也会消失,长期执政就无从谈起。于是,以雷霆万钧的反腐败从严治党,就成了政治新常态的第一幕。

——改革不能变成少数人攫取财富的狂欢,不着眼于共同富裕的改革没有前途;改革不能让阶层固化、群体隔阂,"官二代""富二代""贫二代"的流行并施行是改革最大的危机。如何才能重整改革形象,积聚改革共识?突破利益固化的藩篱,以自我革命的勇气全面深化改革,这是必须的。这也正是十八届三中全会所做的事情。

——人类社会越走向现代化,身份认同的问题越凸显。人类社会的技术也许是普适的,西方社会的汽车是四个轮子,东方社会的汽车没有必要刻意用三个轮子。但是人类社会的文化价值却不是也不能是普适的,否则就是现代流水生产线上的"标准品"。那么如何在世界民族之林中标注"这一个",不至于在全球化的大潮中湮没了自己、丧失了自我,守住、呵护并发扬自己的文化基因、价值源泉、精神家园就成了一种必须。只有保有了精神独立性,经济、政治独立才有了坚实的基础,经济政治才会真正独立。习近平总书记曲阜访孔府、北京讲孔子,世界各国谈文化,正是要把包括儒学在内的中国传统文化发扬光大,通过创造性转换、创新性发展,为现代中国找到证明自己、说明自己的"软实力"。

新常态是中国社会的"本来"状态，表达的是对历史的接续。

现在有一些人士在解读"习近平新常态"的时候，往往把重点放在"新"上。新领导、新作为、新气象当然值得大书特书，但是"习近平新常态"要义在"常"不在"新"。我们之所以能把十八大以来不到两年时间的作为、面貌、气象冠之以"新常态"，就是因为这些作为、面貌、气象与中国共产党奋斗 90 多年、执政 60 多年、改革 30 多年的作为、面貌、气象是一以贯之、一脉相承的，其实就是数十年来中国社会经济政治"本来"状态在新的历史时期的"接着做"。

在强力反腐败，打老虎没有最大只有更大方面，我们可以听到当年毛泽东从严惩处刘青山、张子善的回响；在坚持改革不停顿、开放不止步方面，我们仿佛又看到了邓小平当年为改革杀出一条血路的坚毅身影；风生水起的生态文明、自信从容的经济新常态更是坚持科学发展不动摇、不懈怠、不折腾的硕果。

新一代中国共产党人不仅从前辈们手中接过了中国特色社会主义这一接力棒，更把他们的精神与意志、努力与作为"当作时刻不能忘、须臾不能丢的立身之本"。关于这一点，我们重温习近平总书记的两篇讲话会理解得更深入。

十八大后的这两年，正逢毛泽东诞辰 120 周年和邓小平诞辰 110 周年，习近平都作了重要讲话。对于毛泽东，他指出"毛泽东思想活的灵魂，实事求是、群众路线、独立自主"，对于邓小平，他概括了"对共产主义远大理想和中国特色社会主义信念无比坚定的崇高品格、对人民无比热爱的伟大情怀、始终坚持实事求是的理论品质、不断开拓创新的政治勇气、高瞻远瞩的战略思维、坦荡无私的博大胸襟"。这"三大灵魂""六大品格"当然是讲已故伟人的，也确实是两代伟人最突出的标志，但我们细细品味，认真观察，这又何尝不是以习近平为总书记的新一代中国共产党人的自勉与期许，践履与遵循？

通过发扬中国传统文化保有中国社会精神独立性，在十八大报告里写入"我们正在进行具有许多新的历史特点的伟大斗争"，在十八届三中全会上强调"一定要有自我革新的勇气和胸怀"等，如果我们把这一切称为新常态，那么恐怕更多的是一代接着一代做的"常"，是寓常于新的表述、作为与姿态。

那么，为什么我们会把这样一种应该、必须、本来的状态视为"新"呢？因为这些"常"在相当一段时间里由显转隐、由实变虚了。再光彩夺目的宝珠，不勤于打扫也会蒙上灰尘失去光芒；再先进优秀的群体，不保持自省也会犯无心之过。至于一些少数群体更会通过"反常"来获取不公平正义的特殊利益，而且日子久了"反常"会变为"正常"，潜规则大行其道，伪道理甚嚣尘上，恶作为肆无忌惮。在这个时候，"常"倒反而有些新鲜和陌生了。这也提醒我们，今日中国社会在守"常"方面依然任重道远。

参考文献

《邓小平文选》，人民出版社1993年版（3卷）、1994年版（1—2卷）。

何毅亭：《学习习近平总书记重要讲话》（增订本），人民出版社2014年版。

凯文·纳里泽尼：《大战略的政治经济学》，白云真等译，上海世纪出版集团2014年版。

李捷：《毛泽东对新中国的历史贡献》，社会科学文献出版社2015年版。

《列宁专题文集》（5卷本），人民出版社2009年版。

罗伯特·阿克塞尔罗德：《合作的进化》，吴坚忠译，上海世纪出版集团2007年版。

罗伯特·杰维斯：《系统效应：政治与社会生活中的复杂性》，李少军等译，上海世纪出版集团2008年版。

《马克思恩格斯文集》（10卷本），人民出版社2009年版。

迈克尔·波特：《国家竞争优势》（Michael E. Porter, *The Competitive Advantage of Nations*, 1990），李明轩等译，华夏出版社2002年版。

《毛泽东选集》，人民出版社1991年版。

王伟光：《改革开放和中国经验》，社会科学文献出版社2014年版。

吴敬琏、厉以宁、林毅夫：《读懂新常态》，中信出版社2015年版。

习近平：《摆脱贫困》，福建人民出版社1992年版。

习近平：《干在实处 走在前列——推进浙江新发展的思考与实践》，中共中央党校出版社2006年版。

习近平：《之江新语》，浙江人民出版社2007年版。

《习近平谈治国理政》，外文出版社2014年版。

辛鸣：《道理：中国道路中国说》，中共中央党校出版社2011年版。

鄢一龙、白钢、章永乐、欧树军、何建宇：《大道之行：中国共产党与中国社会主义》，中国人民大学出版社2015年版。

郑永年：《通往大国之路：中国的知识重建和文明复兴》，东方出版社2012年版。

中共中央文献研究室编：《建国以来毛泽东文稿》（全13册），中央文献出版社1987—1998年版。

中共中央文献研究室编：《毛泽东文集》（8卷本），人民出版社1993—1999年版。

中共中央文献研究室、中央档案馆编：《建党以来重要文献选编（1921—1949）》（全26册），中央文献出版社2011年版。

中共中央文献研究室编：《建国以来重要文献选编》（全20册），中央文献出版社2011年再版。

中共中央文献研究室编：《三中全会以来重要文献选编》（上、下册），人民出版社1982年版。

中共中央文献研究室编：《十六大以来重要文献选编》（上、中、下册），中央文献出版社2005、2006、2008年版。

中共中央文献研究室编：《十七大以来重要文献选编》（上、中、下册），中央文献出版社2009、2011、2013年版。

中共中央文献研究室编：《科学发展观重要论述摘编》，中央文献出版社、党建读物出版社2008年版。

《中共中央关于全面深化改革若干重大问题的决定》，人民出版社2013年版。

中共中央文献研究室编：《习近平关于实现中华民族伟大复兴的中国梦论述

摘编》，中央文献出版社 2013 年版。

中共中央文献研究室编：《十八大以来重要文献选编》（上册），中央文献出版社 2014 年版。

中共中央文献研究室编：《习近平关于全面深化改革论述摘编》，中央文献出版社 2014 年版。

中共中央纪律检查委员会、中共中央文献研究室编：《习近平关于党风廉政建设和反腐败斗争论述摘编》，中央文献出版社 2015 年版。

中共中央文献研究室编：《习近平关于全面依法治国论述摘编》，中央文献出版社 2015 年版。

索　引

博弈　13，75，174，199

党的建设科学化　148，149

道路自信　3，130，165，195

邓小平　23，26—28，30，36，37，53—58，60，61，66—69，94，104，120，127，132，139，141，149，151，153，158，163，166，168，183，188，202

顶层设计　71，73—75

法治　2，3，16，24，32，33，79，85，87，91—94，98，100，107，111—121，123—131，155

法治中国　2，111，113，114，118，120，121，125，129—131

反腐倡廉　114，142，143，145，156

富强　7，28，47，101，102，166，169，170，173，176，177，180

改革　2，3，21，29，37，38，49，53—78，81，88—90，92—95，97—100，104，105，107，112—114，121，123—125，146，147，149—151，154，163，166，168，169，172，174，178—181，183，186，188，200—202

国家治理　100—107，111，112，114，118，128，130，181，189

国家治理现代化　100，131

共同富裕　8，22，28，37，38，120，127，166，168，169，187，188，195，201

共识　3，6，22，23，48，51，64，75，130，201

公平正义　2，14，32，36，76，81，96，102，116，118—120，123，126，127，161，169，173，175，187，188，203

工业化　3，18，19，30—33，176

和而不同　180，193，194

和平发展　13，16，19，169，173，174，181，195

和谐　5，7，13，17—19，31，33，34，47，63，64，69，88，90，102，114，155，166，169，172，173，175，176，179，180，183，185，193

核心价值观　17，41，106，118，179，197

价值观　3，8，16，42，47，102，106，130，158，189—191，193，195，198

阶层　6，22，23，81—83，92，128，134，135，155，158，160，188，189

经济基础　54，77—81，89，90，105

精神独立性　106，189—194，197，198，201，203

科学发展　64，149，156，179，202

理论自信　3，165，195

利益固化　2，71，75，76，201

两个一百年　121

马克思　17，51，69，114，119，121，144，161，167，171，178

马克思主义　9，16，20，23，24，26，37，40，55，77，78，104，110，116，127，135，139，140，144，149—151，156—159，164，166—169，171，174，175，177—179，195，196，198

毛泽东　15，40，43，89，103，129，137，138，141，149，158，159，163，168，176—179，189，202

民主　7，16，17，24，27，28，31—33，39，64，68，74，81—83，88，91，93，96，102，105，112，115，119，125，127，138，139，148，149，151，152，157，

160，166，169，172，173，175，180，182，184，186，200

批评与自我批评 138，139

全面建成小康社会 4，112—114，166，181

全面深化改革 3，4，53，74，103，114，205，206

全面依法治国 4，181

全面从严治党 3，4，113，114，132，142，181

权利 22—24，39，44，45，47，49，51，61—63，65，68，79，87，88，92—97，99，115，119，124—126，136，152，161，177

权力 12，22，49，51，60，70，79，80，83—85，92，94，96—99，114，115，123，125，136，141，143，145，146，155，186，200

群众 2，3，5，9，10，12，21，26，33—39，45，48—52，55，66—70，72，75，87，88，92，93，96，102，117，119，120，123，124，126—128，132—143，

147，148，153—155，159，170—172，178，180，182，184，186—188，200

群众路线 132，133，178，200，202

人民 2，3，5，7—15，17，18，21，23，26—29，31—39，42，45，47—52，56，57，62，63，66—68，70—72，74，78，88，91—93，96，98，99，102，103，105，106，112，115—121，123，124，126—128，130—136，139—144，147—149，151，153，155，159，163，166，167，169—175，177，178，180，182—184，186—188，200，202

上层建筑 29，30，54，77—81，89

社会主义 2，3，5，7，8，16—18，21，23，24，26，28—33，37—39，41，45，49，53—56，73，77，78，80，81，88—93，96—99，102，104—106，112，115—122，124，127，128，130，135，136，139，149，158，159，

161，163，166—169，171—180，185—189，195—198，200

社会主义市场经济　3，17，22，28，31，55，56，59，63，70，80，93，97，98，151，166，168，172，179，186

生态文明　18，32，34，74，104，122，166，170—172，176，187，202

市场经济　56，60，74，75，78—80，86，95，97，98，105，149，191

四个全面　3，4，113，114，181

体制创新　53—59，184

文化软实力　3，33，197

习近平　3，4，12，15，16，20，21，23，26，53，71—73，75，76，103，105，106，113，114，116—118，122，124，126，132，135，156，173，174，181，189，191—197，199—202

小康社会　4，26—31，33，35—39，52，88，113

新常态　2，4，120，132，181，199，201—203

新型大国关系　14，16，17，19，181

信息化　30，32，62，88，154，156，173

信仰　2，3，20，42，50，64，91，93，98，99，106，116，124，127，132，136，139，144，151，157—164，195，201

以德治国　115，130

意识形态　5，15，16，40，41，79，80，144，160，190

战略　2—4，13，20，27—29，53，58，73，74，111，159，184，199，202

战略新布局　4

整风　138，139

政治体制　57，58，76，77，88—91，93—97，99，106，128，163，186

政治体制改革　57，58，63，64，77，81，88，89，92—96，98，99，105，183

政治文明　68，88，98，148，

183，186

政治优势　46—50，52，99

中国传统文化　42，196，197，201，203

中国道路　2，17，20，21，76，77，129，164，171—174，176，196

中国共产党　3，4，13，17，26，28—30，34，42，48—51，55，64，66，67，70，77，78，82，88，91，93，98—100，105，111—113，115—117，121，124，125，127，131，132，136—140，142—145，147—153，156—159，161，162，164—171，174，175，177，181—186，188，195，201，202

中国精神　17，20

中国力量　17，20

中国梦　4—13，15，17—25，105，112，113，121，135，173，181，190，192，199，201

中国特色　115，120，130，142，143，166，173，196

中国特色社会主义　2，3，5，6，8，9，11，29，41，51，71，99，100，104，105，107，111—113，115—117，119，121，122，125，126，128—131，133，161，165—188，190，192，194—196，198，202

中华文化　33，42，43，189，192—198

自我革命　2，3，107，139，201